心一堂術數古籍珍本叢刊

書名：六壬指南（【民國】黃企喬）
系列：心一堂術數古籍珍本叢刊　三式類　六壬系列　第二輯　234
作者：【民國】黃企喬
主編、責任編輯：陳劍聰
心一堂術數古籍珍本叢刊編校小組：陳劍聰　素聞　鄒偉才　虛白盧主
出版：心一堂有限公司
通訊地址：香港九龍旺角彌敦道六一〇號荷李活商業中心十八樓〇五—〇六室
深港讀者服務中心：中國深圳市羅湖區立新路六號羅湖商業大厦負一層零零八號
電話號碼：(852)6715-0840
網址：publish.sunyata.cc
電郵：sunyatabook@gmail.com
網上書店：http://book.sunyata.cc
淘寶店地址：https://shop210782774.taobao.com
微店地址：https://weidian.com/s/1212826297
臉書：https://www.facebook.com/sunyatabook
讀者論壇：http://bbs.sunyata.cc/
版次：二零一八年四月初版
平裝
定價：港幣　一百八十八元正
新台幣　七百五十元正
國際書號：ISBN 978-988-8317-52-3

香港發行：香港聯合書刊物流有限公司
地址：香港新界大埔汀麗路三十六號中華商務印刷大廈三樓
電話號碼：(852)2150-2100
傳真號碼：(852)2407-3062
電郵：info@suplogistics.com.hk
台灣發行：秀威資訊科技股份有限公司
地址：台灣台北市內湖區瑞光路七十六巷六十五號一樓
電話號碼：+886-2-2796-3638
傳真號碼：+886-2-2796-1377
網絡書店：www.bodbooks.com.tw
台灣國家書店讀者服務中心：
地址：台灣台北市中山區松江路二〇九號一樓
電話號碼：+886-2-2518-0207
傳真號碼：+886-2-2518-0778
網絡書店：http://www.govbooks.com.tw
中國大陸發行・零售：深圳心一堂文化傳播有限公司
深圳地址：深圳市羅湖區立新路六號羅湖商業大厦負一層零零八號
電話號碼：(86)0755-82224934

心一堂微店二維碼

心一堂淘寶店二維碼

心一堂術數古籍 珍本整理 叢刊 總序

術數定義

術數，大概可謂以「推算（推演）、預測人（個人、群體、國家等）、事、物、自然現象、時間、空間方位等規律及氣數，並或通過種種『方術』，從而達致趨吉避凶或某種特定目的」之知識體系和方法。

術數類別

我國術數的內容類別，歷代不盡相同，例如《漢書・藝文志》中載，漢代術數有六類：天文、曆譜、五行、蓍龜、雜占、形法。至清代《四庫全書》，術數類則有：數學、占候、相宅相墓、占卜、命書、相書、陰陽五行、雜技術等，其他如《後漢書・方術部》、《藝文類聚・方術部》、《太平御覽・方術部》等，對於術數的分類，皆有差異。古代多把天文、曆譜、及部分數學均歸入術數類，而民間流行亦視傳統醫學作為術數的一環；此外，有些術數與宗教中的方術亦往往難以分開。現代民間則常將各種術數歸納為五大類別：命、卜、相、醫、山，通稱「五術」。

本叢刊在《四庫全書》的分類基礎上，將術數分為九大類別：占筮、星命、相術、堪輿、選擇、三式、讖諱、理數（陰陽五行）、雜術（其他）。而未收天文、曆譜、算術、宗教方術、醫學。

術數思想與發展——從術到學，乃至合道

我國術數是由上古的占星、卜筮、形法等術發展下來的。其中卜筮之術，是歷經夏商周三代而通過「龜卜、蓍筮」得出卜（筮）辭的一種預測（吉凶成敗）術，之後歸納並結集成書，此即現傳之《易

經》。經過春秋戰國至秦漢之際，受到當時諸子百家的影響、儒家的推崇，遂有《易傳》等的出現，原本是卜筮術書的《易經》，被提升及解讀成有包涵「天地之道（理）」之學。因此，《易・繫辭傳》曰：「易與天地準，故能彌綸天地之道。」

漢代以後，易學中的陰陽學說，與五行、九宮、干支、氣運、災變、律曆、卦氣、讖緯、天人感應說等相結合，形成易學中象數系統。而其他原與《易經》本來沒有關係的術數，如占星、形法、選擇，亦漸漸以易理（象數學說）為依歸。《四庫全書・易類小序》云：「術數之興，多在秦漢以後。要其旨，不出乎陰陽五行，生尅制化。實皆《易》之支派，傳以雜說耳。」至此，術數可謂已由「術」發展成「學」。

及至宋代，術數理論與理學中的河圖洛書、太極圖、邵雍先天之學及皇極經世等學說給合，通過術數以演繹理學中「天地中有一太極，萬物中各有一太極」（《朱子語類》）的思想。術數理論不單已發展至十分成熟，而且也從其學理中衍生一些新的方法或理論，如《梅花易數》、《河洛理數》等。

在傳統上，術數功能往往不止於僅僅作為趨吉避凶的方術，及「能彌綸天地之道」的學問，亦有其「修心養性」的功能，「與道合一」（修道）的內涵。《素問・上古天真論》：「上古之人，其知道者，法於陰陽，和於術數。」數之意義，不單是外在的算數、歷數、氣數，而是與理學中同等的「道」、「理」--心性的功能，北宋理氣家邵雍對此多有發揮：「聖人之心，是亦數也」、「萬化萬事生乎心」、「心為太極」。《觀物外篇》：「先天之學，心法也。……蓋天地萬物之理，盡在其中矣，心一而不分，則能應萬物。」反過來說，宋代的術數理論，受到當時理學、佛道及宋易影響，認為心性本質上是等同天地之太極。天地萬物氣數規律，能通過內觀自心而有所感知，即是內心也已具備有術數的推演及預測、感知能力；相傳是邵雍所創之《梅花易數》，便是在這樣的背景下誕生。

《易・文言傳》已有「積善之家，必有餘慶；積不善之家，必有餘殃」之說，至漢代流行的災變說及讖緯說，我國數千年來都認為天災，異常天象（自然現象），皆與一國或一地的施政者失德有關；下至家族、個人之盛衰，也都與一族一人之德行修養有關。因此，我國術數中除了吉凶盛衰理數之外，人心的德行修養，也是趨吉避凶的一個關鍵因素。

術數與宗教、修道

在這種思想之下，我國術數不單只是附屬於巫術或宗教行為的方術，又往往是一種宗教的修煉手段--通過術數，以知陰陽，乃至合陰陽（道）。「其知道者，法於陰陽，和於術數。」例如，「奇門遁甲」術中，即分為「術奇門」與「法奇門」兩大類。「法奇門」中有大量道教中符籙、手印、存想、內煉的內容，是道教內丹外法的一種重要外法修煉體系。甚至在雷法一系的修煉上，亦大量應用了術數內容。此外，相術、堪輿術中也有修煉望氣（氣的形狀、顏色）的方法；堪輿家除了選擇陰陽宅之吉凶外，也有道教中選擇適合修道環境（法、財、侶、地中的地）的方法，以至通過堪輿術觀察天地山川陰陽之氣，亦成為領悟陰陽金丹大道的一途。

易學體系以外的術數與的少數民族的術數

我國術數中，也有不用或不全用易理作為其理論依據的，如揚雄的《太玄》、司馬光的《潛虛》。也有一些占卜法、雜術不屬於《易經》系統，不過對後世影響較少而已。

外來宗教及少數民族中也有不少雖受漢文化影響（如陰陽、五行、二十八宿等學說。）但仍自成系統的術數，如古代的西夏、突厥、吐魯番等占卜及星占術，藏族中有多種藏傳佛教占卜術、苯教占卜術、擇吉術、推命術、相術等；北方少數民族有薩滿教占卜術；不少少數民族如水族、白族、布朗族、佤族、彝族、苗族等，皆有占雞（卦）草卜、雞蛋卜等術，納西族的占星術、占卜術，彝族畢摩的推命術、占卜術……等等，都是屬於《易經》體系以外的術數。相對上，外國傳入的術數以及其理論，對我國術數影響更大。

曆法、推步術與外來術數的影響

我國的術數與曆法的關係非常緊密。早期的術數中，很多是利用星宿或星宿組合的位置（如某星在某州或某宮某度）付予某種吉凶意義，并據之以推演，例如歲星（木星）、月將（某月太陽所躔之宮次）等。不過，由於不同的古代曆法推步的誤差及歲差的問題，若干年後，其術數所用之星辰的位置，已與真實星辰的位置不一樣了；此如歲星（木星），早期的曆法及術數以十二年為一周期（以應地支），與木星真實周期十一點八六年，每幾十年便錯一宮。後來術家又設一「太歲」的假想星體來解決，是歲星運行的相反，週期亦剛好是十二年。而術數中的神煞，很多即是根據太歲的位置而定。又如六壬術中的「月將」，原是立春節氣後太陽躔娵訾之次而稱作「登明亥將」，至宋代，因歲差的關係，要到雨水節氣後太陽才躔娵訾之次，當時沈括提出了修正，但明清時六壬術中「月將」仍然沿用宋代沈括修正的起法沒有再修正。

由於以真實星象周期的推步術是非常繁複，而且古代星象推步術本身亦有不少誤差，大多數術數除依曆書保留了太陽（節氣）、太陰（月相）的簡單宮次計算外，漸漸形成根據干支、日月等的各自起例，以起出其他具有不同含義的眾多假想星象及神煞系統。唐宋以後，我國絕大部分術數都主要沿用這一系統，也出現了不少完全脫離真實星象的術數，如《子平術》、《紫微斗數》、《鐵版神數》等。後來就連一些利用真實星辰位置的術數，如《七政四餘術》及選擇法中的《天星選擇》，也已與假想星象及神煞混合而使用了。

隨着古代外國曆（推步）、術數的傳入，如唐代傳入的印度曆法及術數，元代傳入的回回曆等，其中我國占星術便吸收了印度占星術中羅睺星、計都星等而形成四餘星，又通過阿拉伯占星術而吸收了其中來自希臘、巴比倫占星術的黃道十二宮、四大（四元素）學說（地、水、火、風），並與我國傳統的二十八宿、五行說、神煞系統並存而形成《七政四餘術》。此外，一些術數中的北斗星名，不用我國傳統的星名：天樞、天璇、天璣、天權、玉衡、開陽、搖光，而是使用來自印度梵文所譯的：貪狼、巨門、祿存、文曲，廉貞、武曲、破軍等，此明顯是受到唐代從印度傳入的曆法及占星術所影響。如星命術中的《紫微斗數》及堪輿術中的《撼龍經》等文獻中，其星皆用印度譯名。及至清初《時憲曆》，置閏之法則改用西法「定氣」。清代以後的術數，又作過不少的調整。

此外，我國相術中的面相術、手相術，唐宋之際受印度相術影響頗大，至民國初年，又通過翻譯歐西、日本的相術書籍而大量吸收歐西相術的內容，形成了現代我國坊間流行的新式相術。

陰陽學——術數在古代、官方管理及外國的影響

術數在古代社會中一直扮演着一個非常重要的角色，影響層面不單只是某一階層、某一職業、某一年齡的人，而是上自帝王，下至普通百姓，從出生到死亡，不論是生活上的小事如洗髮、出行等，大事如建房、入伙、出兵等，從個人、家族以至國家，從天文、氣象、地理到人事、軍事，從民俗、學術到宗教，都離不開術數的應用。我國最晚在唐代開始，已把以上術數之學，稱作陰陽（學），行術數者稱陰陽人。（敦煌文書、斯四三二七唐《師師漫語話》：「以下說陰陽人謾語話」，此說法後來傳入日本，今日本人稱行術數者為「陰陽師」）。一直到了清末，欽天監中負責陰陽術數的官員中，以及民間術數之士，仍名陰陽生。

古代政府的中欽天監（司天監），除了負責天文、曆法、輿地之外，亦精通其他如星占、選擇、堪輿等術數，除在皇室人員及朝庭中應用外，也定期頒行日書、修定術數，使民間對於天文、日曆用事吉凶及使用其他術數時，有所依從。

我國古代政府對官方及民間陰陽學及陰陽官員，從其內容、人員的選拔、培訓、認證、考核、律法監管等，都有制度。至明清兩代，其制度更為完善、嚴格。

宋代官學之中，課程中已有陰陽學及其考試的內容。（宋徽宗崇寧三年〔一一零四年〕崇寧算學令：「諸學生習……並曆算、三式、天文書。」「諸試……三式即射覆及預占三日陰陽風雨。天文即預

定一月或一季分野災祥，並以依經備草合問為通。」

金代司天臺，從民間「草澤人」（即民間習術數人士）考試選拔：「其試之制，以《宣明曆》試推步，及《婚書》、《地理新書》試合婚、安葬，並《易》筮法，六壬課、三命、五星之術。」（《金史》卷五十一．志第三十二．選舉一）

元代為進一步加強官方陰陽學對民間的影響、管理、控制及培育，除沿襲宋代、金代在司天監掌管陰陽學及中央的官學陰陽學課程之外，更在地方上增設陰陽學課程（《元史．選舉志一》：「世祖至元二十八年夏六月始置諸路陰陽學。」）地方上也設陰陽學教授員，培育及管轄地方陰陽人。（《元史．選舉志一》：「（元仁宗）延祐初，令陰陽人依儒醫例，於路、府、州設教授員，凡陰陽人皆管轄之，而上屬於太史焉。」）自此，民間的陰陽術士（陰陽人），被納入官方的管轄之下。

至明清兩代，陰陽學制度更為完善。中央欽天監掌管陰陽學，明代地方縣設陰陽學正術，各州設陰陽學典術，各縣設陰陽學訓術。陰陽人從地方陰陽學肄業或被選拔出來後，再送到欽天監考試。（《大明會典》卷二二三：「凡天下府州縣舉到陰陽人堪任正術等官者，俱從吏部送（欽天監），考中，送回選用；不中者發回原籍為民，原保官吏治罪。」）清代大致沿用明制，凡陰陽術數之流，悉歸中央欽天監及地方陰陽官員管理、培訓、認證。至今尚有「紹興府陰陽印」、「東光縣陰陽學記」等明代銅印，及某某縣某某之清代陰陽執照等傳世。

清代欽天監漏刻科對官員要求甚為嚴格。《大清會典》「國子監」規定：「凡算學之教，設肄業生。滿洲十有二人，蒙古、漢軍各六人，於各旗官學內考取。漢十有二人，於舉人、貢監生童內考取。附學生二十四人，由欽天監選送。教以天文演算法諸書，五年學業有成，舉人引見以欽天監博士用，貢監生童以天文生補用。」學生在官學肄業、貢監生肄業或考得舉人後，經過了五年對天文、算法、陰陽學的學習，其中精通陰陽術數者，會送往漏刻科。而在欽天監供職的官員，《大清會典則例》「欽天監」規定：「本監官生三年考核一次，術業精通者，保題升用。不及者，停其升轉，再加學習。如能黽勉供職，即予開復。仍不及者，降職一等，再令學習三年，能習熟者，准予開復，仍不能者，黜退。」除定期考核以定其升用降職外，《大清律例》中對陰陽術士不準確的推斷（妄言禍福）是要治罪的。《大清律例．一七八．術七．妄言禍福》：「凡陰陽術士，不許於大小文武官員之家妄言禍福，違者杖一百。其依經推算星命卜課，不在禁限。」大小文武官員延請的陰陽術士，自然是以欽天監漏刻科官員或地方陰陽官員為主。

官方陰陽學制度也影響鄰國如朝鮮、日本、越南等地，一直到了民國時期，鄰國仍然沿用着我國的多種術數。而我國的漢族術數，在古代甚至影響遍及西夏、突厥、吐蕃、阿拉伯、印度、東南亞諸國。

術數研究

術數在我國古代社會雖然影響深遠，「是傳統中國理念中的一門科學，從傳統的陰陽、五行、九宮、八卦、河圖、洛書等觀念作大自然的研究。……傳統中國的天文學、數學、煉丹術等，要到上世紀中葉始受世界學者肯定。可是，術數還未受到應得的注意。術數在傳統中國科技史、思想史，文化史、社會史，甚至軍事史都有一定的影響。……更進一步了解術數，我們將更能了解中國歷史的全貌。」（何丙郁《術數、天文與醫學中國科技史的新視野》，香港城市大學中國文化中心。）

可是術數至今一直不受正統學界所重視，加上術家藏秘自珍，又揚言天機不可洩漏，「（術數）乃吾國科學與哲學融貫而成一種學說，數千年來傳衍嬗變，或隱或現，全賴一二有心人為之繼續維繫，賴以不絕，其中確有學術上研究之價值，非徒癡人說夢，荒誕不經之謂也。其所以至今不能在科學中成立一種地位者，實有數因。蓋古代士大夫階級目醫卜星相為九流之學，多恥道之；而發明諸大師又故為惝恍迷離之辭，以待後人探索；間有一二賢者有所發明，亦秘莫如深，既恐洩天地之秘，復恐譏為旁門左道，始終不肯公開研究，成立一有系統說明之書籍，貽之後世。故居今日而欲研究此種學術，實一極困難之事。」（民國徐樂吾《子平真詮評註》，方重審序）

現存的術數古籍，除極少數是唐、宋、元的版本外，絕大多數是明、清兩代的版本。其內容也主要是明、清兩代流行的術數，唐宋或以前的術數及其書籍，大部分均已失傳，只能從史料記載、出土文獻、敦煌遺書中稍窺一鱗半爪。

術數版本

坊間術數古籍版本，大多是晚清書坊之翻刻本及民國書賈之重排本，其中豕亥魚魯，或任意增刪，往往文意全非，以至不能卒讀。現今不論是術數愛好者，還是民俗、史學、社會、文化、版本等學術研究者，要想得一常見術數書籍的善本、原版，已經非常困難，更遑論如稿本、鈔本、孤本等珍稀版本。在文獻不足及缺乏善本的情況下，要想對術數的源流、理法、及其影響，作全面深入的研究，幾不可能。

有見及此，本叢刊編校小組經多年努力及多方協助，在海內外搜羅了二十世紀六十年代以前漢文為主的術數類善本、珍本、鈔本、孤本、稿本、批校本等數百種，精選出其中最佳版本，分別輯入兩個系列：

一、心一堂術數古籍珍本叢刊

二、心一堂術數古籍整理叢刊

前者以最新數碼（數位）技術清理、修復珍本原本的版面，更正明顯的錯訛，部分善本更以原色彩色精印，務求更勝原本。并以每百多種珍本、一百二十冊為一輯，分輯出版，以饗讀者。

後者延請、稿約有關專家、學者，以善本、珍本等作底本，參以其他版本，古籍進行審定、校勘、注釋，務求打造一最善版本，方便現代人閱讀、理解、研究等之用。

限於編校小組的水平，版本選擇及考證、文字修正、提要內容等方面，恐有疏漏及舛誤之處，懇請方家不吝指正。

心一堂術數古籍珍本叢刊編校小組
心一堂術數古籍整理叢刊編校小組

二零零九年七月序

二零一四年九月第三次修訂

自序

竊惟黃帝戰蚩尤於涿鹿夢天神授以干支配合四方此六壬所由始也後玄女降臨風埃指以天地盤四課三傳此六壬所由著也迨隋經藉誌暘谷闢先生三式併搆一爲遁甲一爲六壬一爲太乙後人務趨捷徑以六壬爲卜肆之便殊不知大全詳賅凡一切課體畢法五行六親之屬備列程式意在啓迪惜其間多蕪雜抖亂重疊且闡發之處語頗拘牽學者不免有茫昧隔閡之憾耳余究心此道凡十餘載採輯諸家彙集指南一書雖紙墨無多而蔚然薈萃其精華聯綴成帙對平時占驗各門言語固不雅馴然亦文淺義深條分縷析誠使學者一覽便知易精易明焉第雖不

足發揚古法津逮然夫窮變極頤範圍曲成之化其有裨於人豈徒專事趨避而已哉噫抑分天地於掌握擦風雷於玄虛洩其天府石室之祕文運籌决勝之神算以供諸海內同志者

歲次

民國丙子季秋中澣是爲敘

達陞黃企喬謹識

六壬指南目錄

六壬指南

黃企喬編

▲十干寄宮歌

甲課在寅乙在辰。丙戊日在巳宮存。丁己日未庚寄申。

辛日戌上壬亥眞。癸課由來丑上起。熟記中心袖乾坤。

即甲日在寅上起。乙日在辰上。丙日戊日從巳上。丁日己日在未上。庚日在申。辛日在戌。壬日在亥。此乃起課之入手法也。但子午卯酉爲四正神。故棄之不用。

▲十天干陰陽

甲乙丙丁。戊己庚辛。壬癸。十則是也。

甲陽屬木　乙陰屬木　丙陽屬火　丁陰屬火　戊陽屬土

己陰屬土　庚陽屬金　辛陰屬金　壬陽屬水　癸陰屬水

▲十二地支陰陽

子丑寅卯。辰巳午未。申酉戌亥。

子陽水　寅陽木　辰陽土　午陽火　申陽金　戌陽土

丑陰土　卯陰木　巳陰火　未陰土　酉陰金　亥陰水

▲五行生尅

金生水。水生木。木生火。火生土。土生金。

金尅木。木尅土。土尅水。水尅火。火尅金。

▲刑冲破害

干刑。甲刑申。乙刑酉。丙刑亥。丁刑子。戊刑寅。己刑卯。庚刑巳。辛刑午。壬刑戌。癸刑亥。

支刑。寅刑巳。巳刑申。申刑寅。爲朋刑。主無情無恩。威凌勢挾。舉動艱難。貴賤相侮。病訟交臻。丑刑戌。戌刑未。未刑丑。此三則亦爲朋刑。與上同。子刑卯。卯刑子。爲互刑。乃門戶不正。尊卑不睦。明入晦出。子息不律。水陸不通。大蕩小淫。長幼不和。身家零落。辰刑辰。午刑午。酉刑酉。亥刑亥。此四則同類相刑。爲自刑。主自逞自作。以致落敗。事非順成。死非正命。凡刑發用入傳臨日。諸事不寧。守舊爲宜。動謀必主招咎。刑干憂男。刑支憂女。刑[illegible]憂事。時刑日憂小人。日刑時憂君子。發用刑月建。不可對訟公庭。發用刑日。不可遠行。上下相刑。發用作日鬼。主反復乖戾。公私兩憂。

六冲。子午冲。主道路驅逐。男女爭交。謀爲變遷。舉動差失。卯酉冲。分異脫失。更改門戶。乘陰臨合。淫佚奸私。寅申冲。邪鬼作祟。多生異心。巳亥冲。順去逆來。重求輕得。丑未冲。兄弟兩意。謀望無成。辰戌冲。悲不明。奴僕逃走。

冲者動也散也。以十二地支環列。各相對爲冲。凡冲日主身攸往。冲辰主宅移動。冲歲歲中不足。冲月月中不足。凡冲入傳臨日。皆主不安。吉神不宜冲。冲者不吉。凶將利冲。冲者散凶。

六破。破者移散也。其法亦以十二支環列。陽日破後四神。陰日破前四神。凡破臨日入傳。惟宜破散凶事。不利成合吉事。凡占事遇破。多中輟。有更改之象。一切主不完全。

午破卯。（主門戶破敗。）辰破丑。（主牆墓穨圮。）酉破子。（主陰小災晦。）戌破未。（主人物刑傷。）亥破寅。申破巳。（破中有合。敗而復成。）六反皆然也。（六反如卯破午。丑破辰之例。）四孟見酉。四仲見巳。四季見丑。名破碎煞。主凡物破損不完。

凡冲破入課傳。主人情暗中不順。占婚雖強合。難以久長。占產雖胎動。終難速生。若乘喜神吉神。凡事主先難後遂。如逢空落空。有聲無形耳。凡年命上見破。定主橫遭損傷。

六害。害者阻鬥也。凡害入傳臨日。事多阻隔也。子加未。（事無始終。官非口舌。）未加子。（營業阻滯。暗裏生災。）丑加午。（公訟不利。夫妻不和。）午加丑。（事不分明。終難成就。）寅加巳。（出行改動。退利進阻。）巳加寅。（謀事阻難。口舌憂疑。）卯加辰。（事有虛爭。仔中生鬥。）辰加卯。（求謀多阻。幹事無終。）酉加戌。（門戶損傷。陰小災疾。）戌加酉。（暗中不美。奴婢邪謀。）申加亥。（先阻後得。事必有終。）亥加申。圖謀未遂。事必無終。

凡害者。必無和氣。只宜守舊。動卽有失。

▲鬼墓德合

甲乙見庚申辛酉。丙丁見壬癸亥子。戊己見甲乙寅卯。庚辛見丙丁巳午。壬癸見辰戌丑未戊己。鬼者賊害之神。干支之中陽克陽。陰克陰爲鬼。陰克陽。陽克陰爲官。經云傳中多鬼。事事不美。望謀不成。災凶及已。凡日鬼主公訟官鬼。是非。夜鬼主神祇妖祟。鬼入傳。日干旺相。又年命上見子孫救助。不爲大凶。

凡占病占訟。忌鬼入傳。臨日。見救神者滅凶。

凡干上鬼發用。事多不美。如見德合。猶可望事求官。

凡鬼宜衰敗。最忌生旺。惟利婦人占夫。以及謀官人。餘事不宜見。

凡辰上神發用爲鬼。占事必自家人暗害。如逢貴德臨身制鬼者反吉。

墓庫。甲癸墓在未。丙戊乙墓在戌。庚丁己墓在丑。壬辛墓在辰。未爲木墓。戌爲火墓。丑爲金墓。辰爲水墓。蓋壬課重在日。當從十干墓。不從五行墓也。

凡墓入傳臨日。主一切閉塞暗昧。壅蔽不通。

凡自生入墓。一切愈見模糊。如人墮井中。呼天不應。占病必死。占訟防屈。占賊難獲。占行人不來。若逢沖開則吉。逢合則凶。年命上神如能克制者。亦可解救。

德神。天月日支四德。蓋德者得也。如入傳臨日。皆能轉凶爲吉。日德最爲吉利。均宜生旺。不宜休囚。如德入傳。忌落空。及神將戰鬥。如加干發用爲鬼。仍作德斷。蓋德能化鬼爲吉也。凡德下賊上發用。德貴神生扶。仍作全吉斷。若無生扶。又見克洩。定主喜處生憂焉。如德神歸日。又會合帶貴。主有意外之喜。惟不宜占病訟。如德臨死絕。又値凶神。

當減力十分之七。如日德發用。又下神克日。名鬼德格。主邪正同途。如德作官星。又臨朱雀。名文德格。主應舉得官。在官得薦。

天德。正丁未　二坤申　三壬亥　四辛戌　五乾亥　六甲寅
七癸丑　八艮寅　九丙巳　十乙辰　十一巽巳　十二庚申

月德。正五九月丙巳　二六十月甲寅　三七十一月壬亥　四八十二月庚申

日德。甲己寅　乙庚申　丙辛戊癸巳　丁壬亥

支德。子日起巳。順行十二支。
子巳　丑午　寅未　卯申　辰酉　巳戌
午亥　未子　申丑　酉寅　戌卯　亥辰

合神。合者和順之神也。如入傳臨日。主有和合成就之喜。其名有三。

一干合。甲己爲中正合。乙庚爲仁義合。丙辛爲威權合。丁壬爲淫佚合。戊癸爲無情合。是爲五合。凡中正合乘貴人。見貴成就得喜。與德神併。能解諸凶。與陰后玄合併。乘卯酉主有貴人奸邪不正之事。凡仁義合乘吉神。主內外和合。作事端肅。如乘陰合玄

后臨卯酉。主假仁假義以行奸邪之事。凡威權合乘吉神。主施威德。布號令。觀兵耀武。乘凶神主挾令凌下。卑幼勉強承順。凡淫佚合乘吉神。主陰謀成事。乘陰后玄合臨卯酉。主女子淫奔。家門出醜。凡無情合乘吉神。占事半虛半實。若乘凶神。主外合中離。百凡承應。皆是假意。

一支合。子與丑合。寅亥合。卯戌合。辰酉合。巳申合。午未合。(即六合也。)

一三合。亥卯未(木合。)主繁冗駁雜。寅午戌(火合。)主侶黨不正。巳酉丑(金合。)主矯革離異。申子辰(水合。)主流動無滯。(即行合也。)

右三等合。以干合爲主。支合次之。三合尤次之。凡三合入傳。事關牽連。必遇月方能了結。又主親識朋儕衆多之象。如取成合之期。以三合決之。(如寅午戌日。不見天空。主戌月戌日成就之例。)

凡三合缺一神名折腰格。占事必待缺神值日。方能成就。(亦名虛一待用格。)

如三合入傳缺一神。日辰偶足之。(名湊合格。)主有意外和合之事。(如湊足者是貴人。主貴人提拔之例。)

凡合與德同入傳。百事皆吉。即會凶神。亦主凶中和合。謀事皆成。

但不能卽時了結。尤不宜占病訟。如暗中三六合。主失脫藏匿難獲。如天后六合作合。占婚立成也。餘視其所合之神吉凶。斷之休咎。庶所錯失。

▲論天將所屬

天將。神名凡十二。曰貴人。屬丑土吉螣蛇。屬巳火凶朱雀。屬午火凶六合。屬卯木吉勾陳。屬辰土凶青龍。屬寅木吉天空。屬戌土凶白虎。屬申金凶太常。屬未土吉玄武。屬亥水凶太陰。酉金中和天后。子水中和

夫頤旨經曰。四課三傳。雖一定而不易。十二神將。如四時而運轉無窮。實乃最爲重要焉。人皆言青龍吉將。白虎凶神。太常多主飮饌。勾陳必至勾留。殊不知龍無鱗未上則傷身之害至。折角申酉則鬥訟之衍生。虎登山未上則秉權于閫外。銜牒申上則通信于道途。太常荷項子上而枷鎖。勾陳捧印巳上兮轉職也。蓋壬課諸書。均以生克制救。旺相休囚。以

斷諸興衰。神將吉凶。固屬緊切。而大要則以生扶比和。或作日之財神者。雖凶將亦吉也。若冲克刑害。卽吉將亦凶耳。又十二天將在天應十二神。在地表十二分野。在歲爲十二月。在人爲十二經。似此之類。不可一例而斷。宜消而息之。得其變通。則禍福應驗如神焉。

▲長生訣

長生。甲日長生亥。乙生午。丙戊生寅。丁己生酉。庚生巳。辛生子。壬生申。癸生卯。（此十干長生也。）火長生在寅。（卽寅爲火之長生。）金生巳。木生亥。水生申。土寄火宮。（此五行長生也。）

值此者。諸事皆吉。忌入墓落空。

日祿。甲祿在寅。乙祿在卯。丙戊祿在巳。丁己祿居午。庚祿居申。辛祿在酉。壬祿在亥。癸祿在子。（日祿者主食祿事。宜生旺。不宜空亡。宜臨日上。則祿厚。臨支上主屈服于人下。權攝不正也。）尤忌乘玄武主無祿。

羊刃。凶神也。在天執掌誅戮之權。在地爲凶星。如臨日辰。靜者爲吉。動遭羅網兜裹身宅。又主血光。卽祿前一位是也。甲祿在寅卯羊刃。乙祿在卯辰爲羊刃。祿之前一辰。餘仿此。

驛馬。申子辰在寅。寅午戌在申。巳酉丑居亥。亥卯未居巳。

驛馬者三合頭冲是也。主行動事。馬之爲物。能任重致遠。代力承勞。故亦作吉論。但利男子。而不利女人。喜生旺。落空逢空。勞而無功。

天馬。正七月午 二八月申 三九月戌 四十月子 五十一月寅 六十二月辰

天馬者。亦更動之象。主朝庭政府。印信之喜。加大煞尤速。宜占更動遷改事。若克日主失脫不利。

▲神煞緊要

生氣 正月起子順行十二

死氣 正月起午順行十二

天喜 春戌 夏丑 秋辰 冬未

雨師 正月起子順行十二 又子日起申順十二

風伯 正月起申 逆行十二月

成神 正月起巳 順行四孟

寡宿 春丑 夏辰 秋未 冬戌 忌入傳加干支年命

血忌 正丑二未三寅四申五卯六酉七辰八戌九巳十亥十一午十二子生產難

遊都 甲己日丑乙庚子丙辛寅丁壬巳戊癸申

皇書 春寅 夏巳 秋申 冬亥吉

月厭 正戌逆行十二 忌嫁娶

戲神 春丑 夏子 秋酉 冬辰 作用與遊神同

時盜 春巳 夏卯 秋酉 冬子

天坑 正月丑順十二忌出行 如克行年主損輪蹄

喪門 歲前二辰爲喪門 如子年寅是也

皇恩 正七月未 順行六陽

雷煞 正月起亥 逆行四孟

月害 正巳逆行十二 忌婚

謾語 正午順十二天 空併主言不實

遊神 春丑 夏子 秋亥 冬戌 加孟行人未來加仲在途加季即至

天吏 寅爲天吏

破碎 四孟月酉四仲巳四季丑主損財

小耗 正月未順十二 較大耗輕

賊神 春卯 夏午 秋酉 冬子

會神 正未二戌三寅四亥五酉六子七丑八午九巳十卯十一申十二辰

刼煞 驛馬第四位如申子辰馬在寅第四位巳即刼煞

天德 見前 德神

風煞 正月起寅 逆行十二

奸門 正申順行四孟 主姦淫

產殺 正月起寅 順行四孟

月破 正申順十二 忌婚

病符 舊太歲也如子年亥即病符

五鬼 正午二辰三寅四酉五卯六申七丑八巳九子十亥十一未十二戌忌出行

弔客 歲後二辰爲弔客 如子年戌是也

大煞 正巳逆行四孟 主家長凶

關隔 辰加四仲

水母 申爲水母 加干發用

孤辰 春巳 夏申 秋亥 冬寅 忌入傳加干支年命

血支 正月丑 順行十二支

浴盆 春巳順四季 忌占病見水易生

大耗 正月申順行十二 忌開庫求財

天目 春辰 夏未 秋戌 冬丑

催官 官星乘白虎赴任 極速空亡則虛信

歲破 太歲對沖之神子年午歲破之例

天書 正月戌順十二支 主財喜

日盜 甲己日午乙庚亥丙辛卯丁壬申戊癸巳

天鷄 正酉逆十二 雀併有信至

信神 正申二戌三寅四丑五亥六辰七巳八未九巳十未十一申十二戌

亡神 正五九月巳二六十寅三七十一亥四八十二申

飛廉 正戌二巳三午四未五寅六卯七辰八亥九子十丑十一申十二酉

書信 正酉順十二 雀併有信至

天火 正卯順 四仲

死神 正月起巳 順行十二

天醫 正月起辰 順行十二

上喪 正辰順四季 主上人服

絕氣 春申順 四孟

伏殃 正日起申 順行十二

管神 春巳順四季 四難出

天巫 正辰順十二 宜作福

月煞 正五九月丑二六十戌三七十一未四八十二辰

天鬼 正酉逆 四仲

孝服 同死炁忌見 子孫傳內

地醫 正月起戌 順行十二

天破 正午順四仲 病吉

血光 正月辰順 行十二

刑亡 正戌二亥三子四丑五申六酉七辰八巳九午十未十一寅十二卯勾虎併加年命入傳主法死

纏繞 陽年正申順十二陰年正申逆十二病訟忌

小煞 正丑逆季四 小口災

天財 正七月起辰 順行六陽

日賊 甲己辰乙庚午丙辛申丁壬亥戊癸寅

羅網 干支上乘前一辰如甲子日甲上卯子上丑之例

火鬼 春午順 四仲

孝杖 同死神忌見 子孫傳內

哭神 春未夏戌秋丑冬辰加虎哭聲

披麻 正子逆四仲 主孝服

天轉 春乙卯夏丙午秋辛酉冬壬子

喝散 春巳順四孟 主解散

瘟煞 正辰順十二 主疫病

天印 正未順十二 利仕進

成神 正巳順 行四孟

厚厭 正月起戌 逆行十二

光怪 正戌逆 四季

喪車 春酉夏子秋卯冬午克日病死

月鬼 正未逆四季 病訟凶

飛魂 正月起亥 順行十二

地轉 春辛卯夏壬午秋乙酉冬丙子

篇神 春巳順四孟 四易出

關神 春丑夏辰秋未冬戌 主勾牽

五墓 春未順四季 墳崩病凶

勾神 子日卯丑日戌寅日巳卯日子辰日未巳日寅午日酉未日辰申日亥酉日午戌日丑亥日申

喪魄 正未逆四季乘凶將臨年命病必死

邪神 正月起未順行十二

下喪 正未逆四季主下人喪

枯煞 正未順十二病凶

兒煞 正亥順行十二忌墓虎小兒災

三坦 春丑順四季

殺星 春申順四孟病凶

飛横 亥順十二

覆舟 申順十二

白浪 寅順十二

▲類神特載

子 爲房　丑 爲厨　寅 爲書院　卯 爲前門　辰 爲祠堂　巳 爲灶

午 爲堂　未 爲井坑　申 爲道路　酉 爲後門　戌 爲浴室　亥 爲廁樓蠶倉庫

▲論太歲

太歲乃本年之地支。爲衆煞之主。號令四時。至尊之神。如乘貴人。即不入傳。皆可助吉。若占涉訟。可得貴人斡旋。或作日財。可得貴人財帛之例。（日干所克者爲日財）惟不宜占病。太歲生年命上神。主當一年內吉慶。如作鬼克日。凶莫甚之也。

訟者必達最高審處。而遭責罰。如太歲作發用。主一年內之事。作中傳。主去年事。作末傳。主二三年前之事。

▲論月建

月建者月支也。主一月之事。如逢刑沖破害。吉將尚安。凶將大凶矣。如天后加臨。主妻妾懷孕。月破相加日辰。主破財走失等事。

正月建寅　二月建卯　三月建辰　四月建巳　五月建午　六月建未

七月建申　八月建酉　九月建戌　十月建亥　十一月建子　十二月建丑

▲論行年

行年不宜與歲月日相傷。相生者喜。其法男一歲從寅上起。順數至本年若干歲止。女一歲從申上起。逆數至今年若干歲止。視天盤何神。卽此行年。如地盤上神是子。卽子爲行年。依此類推。

▲論本命

命者人所生之年支是也。如子年生。卽子爲本命。命乃一生之本。故謂之本命。大要不得與日辰用神相傷。行年亦然。日克年爲不及。命克年爲不節。不節不及。節外生慾。如年命上見財。則求財吉利。見官求官遂意。餘可仿此。

▲論克應

課體已佈。三傳已顯。神將已定。而事物及風雨之應期未決。亦無由而徵之。乃必須切參歲月節氣旬候日時八則。視初傳何神發用。卽爲何期。且如子年占。子發用。則事在本年內。地盤子上午發用。則事在本年五月。因五月建午故也。又如甲子日交立夏節占。寅發用。則事在三月之內。爲甲寄寅宮也。

如乙丑日清明。辰發用。事在一月之內。又丙寅日雨水。巳發用。事應半月內。丙課在巳故也。甲子日旬首。子發用。事在十日。庚申日鷹化爲鳩。申發用。事應五日內。又壬午日占。亥發用。事在當日。占時爲用。當時卽應也。又春占亥發用。事在去年十月。木局發用現在事。水局發用。爲過去事。春占火局發用。爲將來事。總之旺爲近。相稍遠。休囚死等。已往遠矣。又以今日所生爲吉期。所忌爲凶期。以初傳所合爲成期。末傳所冲爲散期。行人以宅神所合爲歸家也。

以上盡爲先賢妙法。第抑詳增減蕪。鮮有不應。學者毋怠於斯。

▲旺相休囚例

春木旺。火相。水休。金囚。土死。

夏火旺。土相。木休。水囚。金死。

秋金旺。水相。土休。火囚。木死。

冬水旺。木相。金休。土囚。火死。

四季土旺。四季三六九十二月。建辰戌丑未。

長生　沐浴　冠帶　臨官　帝旺

衰　病　死　墓　絕　胎　養

五陽干順行。五陰干逆行。有陽長生即陰之死氣。陰長生陽之死。甲丙戊庚壬爲五陽。宜順行。乙丁己辛癸逆行。如甲長生在亥。順行沐浴在子。冠帶丑。臨官寅。即祿依次順排。

乙長生在午。逆行沐浴在巳。冠帶辰。臨官卯。即祿屢次逆排。

▲論月將超法

月將月建所合之辰。在天爲太陽星君。中氣後日纏過宮。此星臨處。除殃增福。如加日上。可得貴人提攜。及身躬少病。加辰上則家宅光輝。必有上人光飭。諸用動作。百凡如意。臨元武賊當自敗。乘天空或空亡。爲晴明之象。其屬爲省府部院。帶天后爲使命。乘青龍爲公卿之輩。乘太常爲武職官人。乘白虎爲權貴之臣。乘勾陳爲大將軍。乘朱雀爲衞士。如値太歲乘貴人加辰上。其年必生桂子。徐徐興家之象也。

經曰。月將輸太陽。八節圖數術。陰陽生成合。過此落空亡。

蓋諸書皆以每月中氣過宮爲月將。此篇則不然。用每月中氣之前。月建之後。月將値現之日。卽此超之。頗湊神効。

例如

正月建寅。與月將登明亥合。查立春後幾日値亥。卽從亥日亥時起。爲亥將。

二月建卯。與月將河魁戌合。視驚蟄後幾日得戌。卽從戌日戌時起爲戌將。

三月建辰。與月將從奎酉合。查清明後幾日値酉。卽從酉日酉時起爲酉將。

四月建巳。與月將傳送申合。查立夏後幾日值申。卽從申日申時起爲申將。
五月建午。與月將小吉未合。查芒種後幾日值未。卽從未日未時起爲未將。
六月建未。與月將勝光午合。查小暑後幾日得午。卽從午日午時起爲午將。
七月建申。與月將太乙巳合。查立秋後幾日得巳。卽從巳日巳時起爲巳將。
八月建酉。與月將天罡辰合。查白露後幾日值辰。卽從辰日辰時起爲辰將。
九月建戌。與月將太衝卯合。查寒露後幾日值卯。卽從卯日卯時起爲卯將。
十月建亥。與月將功曹寅合。查立冬後幾日值寅。卽從寅日寅時起爲寅將。
十一月建子。與月將大吉丑合。查大雪後幾日得丑。卽從丑日丑時起丑將。
十二月建丑。與月將神后子合。查小寒後幾日值子。卽從子日子時起子將。
且如本年正月初三甲子日。立春。十四日建乙亥。卽從是日亥時起亥將。餘仿此。

▲定天地盤 附安貴人法

凡占六壬。當先定地盤。地盤者地支所按之指位。子從坎上起。順佈十二宮。次序排定不易。是爲地盤。

地盤式

巳	午	未	申
辰			酉
卯			戌
寅	丑	子	亥

▲月將加時四課三傳起例

地盤既定。然後加天盤於上。天盤者卽以月將加于所占時上。順行十二支。如本月月將係子。所占之時係卯。則以子加地盤卯位上。順排卯上子。辰上丑。巳上寅。午上卯。未上辰。申上巳。酉上午。戌上未。亥上申。子上酉。丑上戌。寅上丑。是爲天盤。

天盤式

寅	卯	辰	巳
丑			午
子			未
亥	戌	酉	申

活盤

天盤既定後將本日干支。用十干奇宮法。取四課。十干寄宮卽首篇甲課在寅。乙在辰之例。假如今日建甲子。甲寄在寅。看地盤寅位上是何辰。卽以甲子二字橫排中空一位。查地盤寅上是亥。卽以亥字加于日干甲上。得亥甲二字。是爲第一課。再將亥字書爲甲子之空中。又看地盤亥上是申。卽將申字加於亥上。得申亥二字。是謂二課。然後再看地盤子上是酉。卽將酉字加於日支子上。得酉子二字。是謂三課。再將酉字平書於子字左邊。看地盤酉上是午。遂將午字加於酉上。得午酉。是謂四課。四課既定。然後就四課中。查看賊克生三傳。取傳法另有詩訣。隨課附詳。四課已定。三傳既佈。始用甲戌庚牛羊法。安十二貴人。方看發用。（發用卽初傳）視課體的興衰。查干支年命之上。生克刑冲而斷諸吉凶也。

論貴人起例

甲戊庚牛羊。（丑未）　乙己鼠猴鄉。（子申）　丙丁猪雞位。（亥酉）　壬癸兎蛇藏。（卯巳）

六辛逢虎馬。寅午 此是貴人方。貴人不臨寅戌。蓋辰戌爲天羅地網。故棄之不用也。

貴人有旦暮之分。陰陽之別。自卯至申爲旦。爲陽。自酉至寅爲暮。爲陰。依甲戊庚牛羊之例。日占用上一字。夜占用下一字。獨壬癸日不然。日占用下一字。夜占用上一字。反此者不應矣。其理深邃。毋容細索。爲求簡易焉。且如甲戊庚日日占應用牛字。便從天盤丑上起貴人。次螣蛇。次朱雀。六合。勾陳。青龍。天空。白虎。太常。玄武。太陰。天后。如甲戊庚夜占宜用羊字。便從天盤未上起貴人。此一定不易之例也。又貴人有順行逆行。如貴人臨地盤亥子丑寅卯辰之方。則順行。臨巳午未申酉戌逆行。貴人順逆圖見下。

貴人順行圖

	空	虎	常	玄	
	巳	午	未	申	
龍	辰			酉	陰
勾	卯			戌	后
	寅	丑	子	亥	
	合	朱	螣	貴	

貴人逆行圖

	貴	后	陰	武	
	寅	卯	辰	巳	
蛇	丑			午	常
雀	子			未	白
	亥	戌	酉	申	
	六	勾	青	空	

凡術數起貴。皆以甲戊庚牛羊爲宗。如六壬大全。太乙神數。以及命理諸書。不及細述。無一書以甲戊兼牛羊。庚辛逢虎馬推算。雖奇門遁甲之尾篇注

及甲戌兼牛羊一則。然其作用。則仍以甲戌庚牛羊爲斷。乃偶閱眎斯貴人起例。竟拙於管見。以甲戌兼牛羊。庚辛逢虎馬爲重用。而謬許先賢之以訛傳訛。殊屬乖謬極矣。且自稱參考六壬玉門。會門。金櫃。會總諸經。而塞初學者。以上諸經。愚嘗閱讀。並無甲戌兼牛羊之句。如此之花舌搶筆。以呈己能。實誤後學者不淺。

例如甲子日卯時。十二月占子將。以子加地盤卯上。

課式

青朱后
午卯子

陰 亥甲
申亥
常 酉子
午酉

勾青空白
巳午未申 亥宮
合辰常酉 子宮
朱卯元戌 甲寄
寅丑子亥 寅宮
螣貴后陰

▲九宗課訣 附斷驗

一賊克歌

取課先從下賊呼。若無下賊上克初。初傳之上爲中次。中上加臨是末居。

四課中取三傳。先以下克上者爲用。如四課中祇有一下克上。卽以克神爲初傳。曰重審課。如無下克上者。卽用上克下爲初傳。祇四課中祇一上克下名元首課。

如四月丁丑日子時申將占。卽以月將申加子上起。

元首

常勾貴
巳丑酉

空		貴	
卯	亥	酉	巳
丁	卯	丑	酉

辰	巳	午	未
卯			申
寅			酉
丑	子	亥	戌

子位貴

丁干寄未。查未上係卯。第一課卯丁。卯上亥。第二課亥卯。日支丑上見酉。第三課得丑酉。酉上巳。第四課爲巳酉。查第一第二第三課。均無克。祇第四課巳火克酉金。以上克下爲初傳。初傳巳上見丑。卽丑爲中傳。中傳丑上係酉。卽酉爲未。三傳得巳丑酉。課名元首。餘仿此。

斷曰。賈人獲利。市價出色。孕育麒麟。婚諧鸞鳳。公訟利先。

友人徐某營交易所來占。得此課。余曰。大宜勇猛精爲。萬勿錯失時機。後固賺四百六十元。因三傳均作日財故也。惟令堂理帶違和。賦云。三傳俱作日之財。得此須憂長上災。友答曰。老母目疾已三日。亦應卯之在人爲手背目也。

又四月丙戌日巳時申將占。

六壬指南 二九

重審

申 六
亥 貴
寅 武

陰　　合
辰丑亥申
丑戌申丙

　　　貴
申酉戌亥
未　　子
午　　丑
巳辰卯寅
丙寄巳宮

一切占課法。均照前例。四課中祇一下克上。以丙火克申金爲發用。卽申爲初傳。申上亥爲中傳。亥上寅爲末傳。四課中祇一下克上。名重審課。

斷曰。凡事必再三詳審。須定計而后行。一是謀望。先難而後成。貴人逆行。事多憂驚。孕生女孩。夫婦不敬之象。官司疾病恐復生。先訟虛張卻主凶。

史君占涉訟。値被告。斷曰。最後勝利屬君必矣。葢重審課。利後而不利先。君値被告。且將逢貴合。當得上人斡旋。三月後竟如所言。

二比用訣

下克或三二四侵。或逢上克亦同云。常將天日相比用。陽日用陽陰用陰。

此訣因四課中或二三上克下。或二三下克上。則當取與日干相比和者爲用。名比用格。亦名知一課。日干相比。如甲日用子寅等。乙日用丑卯等干支陰陽見前。

如八月壬辰日巳時辰將。取課法見上。

知一

白常玄
戌酉申

白　朱
戌壬 酉戌 卯辰 寅卯

未申酉戌
午　　亥　空
貴
巳　　子
辰卯寅丑

查四課中有二上克下戌爲陽土。日干陽水。則取戌爲初傳。中傳酉。末傳酉上申。三傳戌酉申。名知一。又陽日用一課二課之上。陰日以三課四課之上爲用。餘倣此。

斷曰。占人占物。皆在鄰近。詞訟宜和。或三四克亂動。狐疑不決。如上克下有嫌疑。此課大都舍遠就近。舍疎就親。恩中有害之象。婚姻有失和諧。逃亡不遠。失物鄰人取。喜處生憂之體。利客不利主也。

同鄉人失一母雞。斷云酉爲雞鴨類。然三傳戌酉申屬西方一氣化金。物在西鄰釜中。翌日固見毛羽其家。

申酉戌化西方一氣金。　亥子丑化北方一氣水。

寅卯辰化東方一氣木。　巳午未化南方一氣火。

三涉害訣

涉害由來本家止。路逢多克取用誇。孟深仲淺季當休。復尋剛日柔辰查。

寅申巳亥爲四孟。子午卯酉爲四仲。辰戌丑未爲四季。

此論四課中或二三上克下。或二三下克上。而與日干俱比。或俱不比。則各就所克之神。查地盤涉深者。歸本家。以受克多者爲用。如受克俱多則以孟神爲用。如無孟神則取仲上神爲用。無仲取季神爲用。取課法照前

如正月丁卯日。丑時亥將。

涉害

朱貴陰
亥酉未

常空勾朱
巳卯丑亥
丁巳卯丑

午未申酉貴
巳　　戌
辰　　亥
空卯寅丑子

課得二下克上。與日干俱比。今以丑土所臨之卯位。歷歸本家。卯木一重。克至辰位。辰中有寄宮之乙木。又一重。以下歷次克至子宮。歷歸本家丑位止。得兩重克。是涉害淺。再以亥水所加之丑位上。歷歸本家丑土一重。克至寅卯位無克。至辰位。辰土又一重克。至巳位有寄宮之戊土一重克。午位無克。未位己土寄宮又一重克。申酉位無克。至戌土一重克。至本家亥位。共歷六重克。則當以丑上之孟亥爲深。曰涉害課。

凡涉害課。最孟上神爲用。曰見機格。

凡涉害課如無孟上神。則取仲上神爲用。曰察微格。

斷曰。涉害課凡事艱難。稽遲。然後歷盡風霜。乃苦盡甘來之象。占婚姻有阻。病疾難安。胎孕遲生。行人未還。

孟用見機。事當先機而行。諸多狐疑。急須改變。守舊則稽留之患。名利難遂。胎孕不實。

仲季用察微。交合防笑裏藏刀。蜜中儲砒。有小人謀害。首尾牽連。行人失缺。大宜詳察而行之。

四遙克歌

四課無克號爲遙。日與神分遞互招。先取神遙克其日。如無日遙克其神。

此論四課中全無上下交克。則以四課上神來遙克日干者爲用。如無神遙克干。則取日干遙克上神爲用。如逢日克兩神。或兩神克日。則取與日干比者爲用。陽曰陽比。陰逢陰比。是只取其一。

如壬辰日巳將寅時

遙克

白陰蘺
戊丑辰

勾　后
戌未巳寅
未辰寅壬

　空
申酉戌亥
未　　子
午　　丑
巳辰卯寅
　　貴

查四課中未戌兩神。來遙克日。然壬係陽干。未乃陰支。惟戌陽與日比。則取戌爲用神。曰蒿矢格。

又如壬申日亥將申時占。四課上下無克。又無上神遙克日干。則取日干遙克上神爲用。名彈射格。

巳申亥

寅亥巳寅
亥申寅壬

申酉戌亥
未　　子
午　　丑
巳辰卯寅

斷曰。凡事憂在西南。而西北有喜。始有凶勢。終乃和順。愈久愈休之象。事應遙遠。而虛驚不實。倘若成就。亦屬虛名虛利。將逢太陰玄武天空。當有欺詐之事起也。來客不可容納。留宿過夜。諸多不利耳。

前課友人占求財。斷云。財雖入傳。而課爲遙克。兼初傳旬空。財坐空地。當全無財分。後悉告貸於人。値彼囊匱。竟應焉。

五昴星法

四課無遙號昴星。陽仰陰俯酉位尋。剛日先神而後日。柔日先日而後神。

四課全備。無上下克。又無遙克。陽日取地盤酉宮上神爲用。中傳取支上神爲用。末傳取干上神。陰日取天盤酉臨之下爲初傳。日干上爲中傳。支上爲末傳。

如八月戊寅日子時辰將占。

子丑寅卯
亥　　辰
戌貴　巳
酉申未午

朱
酉戌
丑酉
后
午寅
戊午

空丑
后午
朱酉

四課全備。上下俱無克。又無遙克。當取昴星。戊爲剛日。仰取地盤酉上丑爲初傳。支上午爲中傳。日上酉爲末傳。名虎視格。

又丁亥日寅時巳將占。

合后虎
午戌寅

后　白
戌丁　丑戌　寅亥　巳寅

亥子丑寅
戌　　卯
酉　　辰
申未午巳

四課全備。亦無上下克及遙克。丁係柔日。應取天盤酉下之午爲初傳。千上戌爲中傳。支上寅爲末傳。名冬蛇掩月格。

此二課神將。大不宜見白虎騰蛇。畢法云。虎視逢虎力難施。項羽雖有千斤之力。占得此課。難免烏江白刎。

斷曰。凡謀艱遂。不宜出外。行人稽留。占孕陽日女。陰日男。取陽仰陰俯之理。傳見蛇虎大凶。病者死。訟招囚獄。惟占科舉考試。則高中。餘事諸多暗昧。潛藏者吉。靜守安。出外身不得歸。訪人不見。已行者滯。逃亡隱形難獲。

宗台赴考海軍。占昂星課。迺月接悉榜掛第三名合格。剋赴軍部執事矣。

六伏吟詩訣

伏吟有克還爲用。無克剛干柔取辰。迤逞刑之作中末。從茲玉歷識其眞。若也自刑爲發用。次傳顛倒日辰併。次傳更復自刑者。沖取末傳也不刑。剛日甲丙戊庚壬五陽也。柔日乙丁己辛癸五陰也。言日者即干也。言辰者即支也。

伏吟有克取克爲用。中取初傳之刑。末取中傳之刑。如初傳値自刑。則取支上辰爲中傳。中又自刑。則取中傳之冲爲末。若課中無克則剛日取干上辰爲初傳。中末遞刑之。如初傳自刑。則取支上辰爲中傳中刑爲末中又自刑。取中之冲者爲末。柔日取支上辰爲用。中末取刑同上。如初自刑取日上辰爲中。中刑爲末。中又自刑。取中冲爲末。

如六月癸丑日午時午將占。

丑戊未

丑丑丑丑
丑丑丑癸

巳午未申
辰　　酉
卯　　戌
寅丑子亥

第一課得丑癸有克。宜乎照常取克爲用。以丑爲初傳。丑刑戌爲中傳。戌刑未爲末傳。爲伏吟課。
蓋伏吟者天地不動各居本位伏而呻吟之象也。

又四月丙辰日申時申將。

巳申寅

辰辰巳巳
辰辰巳丙

巳午未申
辰　　酉
卯　　戌
寅丑子亥

剛日名自任

四課中無克。丙爲剛日取日上巳爲發用。
巳刑申爲中傳申刑寅爲末傳。名自任格。

又丁丑日未時未將。

丑戊未

丑丑未未
丑丑未丁

巳午未申
辰　　酉
卯　　戌
寅丑子亥

柔日名自信

四課無克。丁爲柔日。取支上丑爲用。丑刑戌爲中傳。戌刑未爲末傳。是爲自信格。
蓋自信者。因自信己之柔也。故名之。

又三月壬辰日酉時酉將。

亥
辰
戌

辰	辰	亥	亥
辰	辰	亥	壬

巳	午	未	申
辰			酉
卯			戌
寅	丑	子	亥

自刑取冲
名杜傳

四課無克。剛日以干上亥爲初傳。亥乃自刑。取支上辰爲中傳。辰又自刑。則取中傳辰冲戌作末傳。爲杜傳格。

斷曰。獨隱呻吟。靜中有動。守舊待新之象。占科舉考試。必高中。求名榮歸。病祟土怪。爭訟田廬。行人近至。逃亡眼前。朋孕啞聾。凡事留連。不能動。株守爲吉。家宅不寧。身不自由。行者留檢。居則移。合將離。病喑啞。事宜改。

張君江蘇人。學問深邃。擬考杭師。未卜捷否。茲占得伏吟課。余曰。恭喜金榜題名。月後試畢。固第一也。然非比金榜掛名。終於千人中爭首。實可祝焉。

七返吟法

返吟有克亦爲用。無克別有井欄名。若加六冲該無克。丑未同干丁己辛。

丑日登明亥也。未太乙巳也。辰中日末識原因。辰上作中傳日上作末傳

返吟有克取克爲用。與元首同法。無克者惟六日。辛未。辛丑。己未。己丑。丁未。丁丑。丑未日無克用巳爲初傳。丑日無克用亥爲初傳。中傳取支上辰。末傳取日上辰。此一定不易也。

如四月庚戌日寅時申將占。

白	寅
螣	申
曰	寅

	武		虎
戌	辰	申	寅
辰	戌	寅	庚

		空	
亥	子	丑	寅
戌			卯
酉			辰
申	未	午	巳
	貴		

名無依格

又正月辛丑日巳時亥將。

亥
未
辰

丑	未	戌	辰
未	丑	辰	辛

亥	子	丑	寅
戌			卯
酉			辰
申	未	午	巳

返吟無克。丑日取亥爲初傳。中傳支上神。末傳日上辰。爲無親卦。蓋返吟者十二辰各易對宮返復無依也。

斷曰。來者思去。離者思歸。惟慮舊事反復。重重震驚之象。得物防失。敗物

反成。出陣慮驚。害人自承。巳亥巳 改動取索財物事。卯酉卯 家宅門戶道路事。寅申寅 遠行移動爭訟事。無親卦 行人阻遏。凡事傍求者成。直求道窮。親朋盡無始終。疾病兩症相攻。大有不能久長之象。

前課有問家宅者。占得寅申寅。余囑速回收拾零星。遲者恐遭重損。畢法謂。虎臨寅上。梁木毀折之驚。迨返家。百數十年之古堂。已露天矣。所幸未傷人口。因寅值旬空。然不宜三傳落空。頓見天空。誠應畢法空空如也之句。

附六甲旬空

甲子旬中戌亥空。　甲戌旬中申酉空。　甲午旬中辰巳空。

甲申旬中午未空。　甲辰旬中寅卯空。　甲寅旬中子丑空。

八別責訣

四課不全三課備。無遙無尅別責名。剛日干合上頭神。柔日支前三合行。皆以天上作初傳。中末都從干上併。剛三柔六共九課。此課先賢俱祕隱。戊午戊辰與丙辰。干上皆午是爲親。辛丑辛未各二日。干上皆是丑未直丁酉當爲巳丁是辛酉原來是酉辛。

四課不全。只得三課。無上下克。又無遙克。乃別責合神爲用。陽月取干合之上神爲初傳。中末皆在干上取之。陰日取支前三合爲初傳中末亦在干上取之。如酉日取丑。亥日取卯。未日取亥之類。餘三合前一辰倣此。

如八月丙辰日卯時辰將。

亥
午
午

午	巳	未	午
巳	辰	午	丙

子	亥	戌	酉
丑			申
寅			未
卯	辰	巳	午

別責課

此四課不備。一課與四課同。取丙合辛。辛寄戌宮。即戌上亥爲初傳。中末取干上午。

又十二月辛酉日丑時子將。

丑
酉
酉

未	申	申	酉
申	酉	酉	辛

戌	酉	申	未
亥			午
子			巳
丑	寅	卯	辰

又名蕪淫

第二與第三課同。辛爲陰日。取酉支三合前一辰爲丑。即以丑爲初傳。中末取干上酉。

斷曰。財物不全。欲渡尋船。胎孕遲延。求婚另娶。凡事缺一不備。謀為欠正。
事主留連。事多倚仗他人之象。
黃君投牙稅票。占得不備課。果應未得標中。空費輪貲。

九八專法

兩課無克號八專。陽日日陽順行三。連本位數
陰日辰陰逆三位。中末都向日上眠。

八專者干支同位。只有二課。有克取克。無克不復取遙。剛日以干上神順數至第三位為用。柔日以第四課上神逆數三神為用。中末俱取日上神為用。

如十一月甲寅日辰時丑將。

丑
亥
亥

申	亥	申	亥
亥	寅	亥	甲

巳	午	未	申
辰			酉
卯			戌
寅	丑	子	亥

八專課

兩課無克。甲為剛日。以干上亥順數三神至丑。即以丑為初傳。中末俱以干上亥為用。

又丁未日丑時辰將。

陰亥
后戌
后戌

丑戌丑戌
戌未戌丁

申酉戌亥
未　　子
午　　丑
巳辰卯寅

干支同宮。只二課無克。丁係柔日。卽以第四課上神丑。逆數三神至亥。卽亥爲初傳。中末俱干上戌爲用。名帷箔不修格。

八專課中有逆數至日。三傳一神。如驛遞無人傳送。獨足難行。凡事不能移動。諸皆費力也。

如己未日未時酉將。

酉
酉
酉

亥酉亥酉
酉未酉己

未申酉戌
午　　亥
巳　　子
辰卯寅丑

此亦兩課無克。己係陰日。從第四課上神亥。逆數三神至酉。卽酉爲初傳。中末均干上酉爲用。名獨足格。

斷曰。八專者。八家同井事專也。占理家務易舉。不利奔波於外。若二人同心。其利斷金。物失內尋。陰日夫妻懷背。及奴婢反貴逆事遲。欲歸之象。占婚姻有口舌分離之兆。如獨足格。路遙難行。不能移動。重重疊疊。多費心力。夫妻不貞。進人口不利。

友占婚姻事。得八專課。余謂曰。不久之象。不宜配合。友愛之甚。不信。二年後。夫婦反目。竟致法庭解決。貼三百元了事。

六壬凡七百二十課。以九課爲宗。六十四課爲本。皆以將神吉凶。課體休咎。而斷之與衰。學者應隨時細察。方收神効。幸勿忽諸。

▲晴雨占

課書謂。離爲晴。而丙丁巳午蛇雀。皆離類也。離臨日辰。及發用。不克日者主晴。然天空亦爲晴神。因天中已空。當主晴焉。

坎爲雨。而壬癸亥子玄武皆坎類也。坎臨日辰及發用。無克制者雨。然青龍爲雨師。如入傳無克制者。亦爲雨。惟忌入亥子丑水旺。則無雨。因龍入水爲遊樂。故主無雨。如臨辰午申者。爲登三天。則雨。臨巳午未爲火生水降。亦主雨水。玄武臨亥子丑主雨。經云穴居知雨是也。

▲風雲占

兵帳賦云。水戰全憑風便方。日干未巳正堪詳。白虎風神逢刦煞。飛廉大煞亦風鄉。旺相乘殺風速起。休囚無殺亦風狂。巳爲風門。未爲風伯。日辰上見此二神。纔有風。白虎爲風神。逢刦殺飛廉大煞等。必狂風暴起。若日干旺相乘諸風殺。風速起。如休咎而又不乘殺。主無風。卽有亦小。飛廉見前

詩曰

斑神東轉水推山。小吉相逢風迅攙。二神忽然潛空宿。上克不分風息談。

斑神卽虎也。東轉謂虎入寅卯之地。蓋虎嘯風生。現空宿空亡也。又是上克下所以無風。

又曰

巳午雀居曲直課。殺推月日用辰午。更兼寅木相逢遇。颶狂須索煞時間。

巳火爲火神。朱雀亦火神。經曰熱極生風必也。且雀臨巳午爲入巢。又經云穴居知雨。巢居知風是也。皆以入傳課爲準。如落空亡卽無風。且朱雀又爲雷部中招風神也

占雲以勾陳入傳。爲天中有雲。不入課傳無雲。蓋勾陳屬土。當雷部中喚雲神也。其次與風占相同。

如四月庚戌日辰時申將占。爲六儀課。

辰玄
申青
子蛇

　后　螣
午寅辰子
寅戌子庚

酉戌亥子
申　貴丑
未空　寅
午巳辰卯

友問晴雨。占得三傳申子辰合水局。天將青龍玄武螣蛇。皆水中之物。又逢日干生之。兼旬首發用。應旬內陰雨累日。是日申時起。果滂沱驟下。直至第五日甲寅旬。方雲散雨收。天氣清朗。

如六月壬申日丑時午將占。晴雨。

辰后
酉空
寅蛇

午丑酉辰
丑申辰壬

戌亥子丑
酉　　寅
申　　卯
未午巳辰

課得鬼墓。天后遭制。則無雨。中傳天空生日。是日萬里無雲。日光普照。

如五月甲寅日亥時未將。

戌合
午后
寅白

午戌午戌
戌寅戌甲

丑寅卯辰
子　　巳
亥　　午
戌酉申未

三傳戌午寅合火局。又甲木生之。白虎入東林。六月已熱極。是日寅時起。天烏地黑。狂風怒吼。至夜未息。翌日午時後。方見天日。

▲求財占

凡占求財。視日之財神入課傳。及日辰年命上者爲有。見青龍不冲克者亦然。如課傳年命日辰不見青龍財神等。卽爲無財。財神卽本日所克之辰也。且如甲乙日以辰戌丑未戊土爲財神。餘次類推。

▲謀望占

謀望之占。事兆一端。情亦萬緒。大要視合神及類神。合神者。卽三六合之類。如三合六合入課傳。及日辰年命與中傳合而無冲破。則謀望遂意。凡事成就。如三六合入傳。有刑冲破害者。謀望不成。卽成就彼此各懷嫉妒。先成後離。終難和合。畢法云。萬事喜欣三六合。合中犯煞蜜中砒。乃笑裏藏刀。蜜中儲砒之象。均無良好結果。不如不成就。較爲安穩也。合中犯殺卽刑冲破害也

▲迷路占

出行若逢三岔路。人鮮地踈嘆奈何。
月將加時天罡下。季右仲中孟向左。

前逢三叉路者。未知從何路而走。卽以月將加時。視天盤天罡所臨之位行之。庶免錯程。如午時巳將。卽以巳加午。辰加巳。巳爲孟神。卽從左路行。如申時巳將。辰臨未。卽向右路走

▲行人占

若問外人存與亡。行人年上在何方。
不係三傳日辰事。魁罡臨處可消詳。

以年臨處爲所在之方。若不知行人生死。以行年臨孟爲在。臨仲爲病。臨季則已死矣。如不知行年。以天罡加陽孟爲安。加陰孟小病。加陽仲未死。加陰仲爲死。加陽季不死。加陰季爲死。此其法也。

人類門

子爲子息漁人屠兒。丑爲賢者僧尼。
寅爲道士吏夫胥吏。卯爲術士沙門長子。
辰爲魁卒凶頑惡棍。巳爲朋友長女窰宅。
午爲婦人宮女蠶姑。未爲姑姨舅妹。
申爲醫巫銀匠鐵匠。酉爲少女婢僕婦姊。
戌爲奴隸官僕凶人。亥爲幼子寇盜。

▲六親提要

男以生我者。正印爲母。干生者爲子女。（卽傷食）

克干者爲官鬼。干克者（陽見陽陰見陰）爲父及妾。（卽偏財）

干克者（陰見陽陽見陰）爲妻。（卽正財也）與干同類者。爲兄弟。姊妹附之。

▲身類門

天干。甲肝乙胆丙小腸。（肩求附之）丁心戊胃己脾鄉。

庚屬大腸辛屬肺。壬屬膀胱癸腎臟。

地支。（視白虎尅何干卽何病症之處）子腎膀胱耳腰液。丑爲脾腹足上居。

寅胆風門筋脈髮。卯肝血筋手背目。

辰皮膚肩暨背項。巳屬小腸面齒股。
午為心目神氣舌。未為口腹唇齒胃。
申屬大腸兼筋骨。酉肺口鼻聲血路。
戌為命門膝脅胸。亥膀頭兼二便通。

▲類神門

貴人官長。視天乙青龍 父母衣服酒食。視太常 兄弟囚罪。視太陰 子孫朋友交易。視六合

官訟吏役。視勾陳 婦女。視天后 官吏文書火光口舌。視朱雀 奴僕欺詐。視天空

婢女。太陰 喪柩病人。視白虎 夫壻財物。視青龍 盜賊遺忘。視玄武 驚恐怪異。視螣蛇

詩曰。求官龍常及官星。求名文書朱雀中。幹貴貴人婚天后。求財青龍財爻通。衣服酒食視太常。雨責青龍晴天空。田土勾陳路白虎。以入課傳取用多。

▲方位門

子屬北方。水澤江湖之所。東有橋梁田墓。西近水畔樓臺。前有神廟。
丑居東北方。州邑之傍。或處壇廟倉庫之門。橋梁田墓之所。
寅爲東北。林木之中。曲堤之所。或大木枯棚賣酒之處。在寺廟之傍。如作本日貴人。爲吏書之家。
卯爲正東。大林竹叢之所。屈曲水徑。前有舟車。近寺觀。是竹木工匠之處。
辰爲東南方。隔壟岡嶺。穴塚之所。或池沼魚獵之家。丹青彩畫之所。
巳在東南方。窰灶之處。冬存樹木。夏秋鳴蟬棲其處。春有馬嘶。其家婦人主事。
午在正南方。爐冶窰鐵匠門側。內畜牛馬巫術之家。
未屬西南方。隱伏土塚之內。向東四步有井田。有人在此歌唱。其家供奉鬼神。沽賣水酒。
申爲西南方。近州縣城闕之所。遠則村野冲要之地。郵亭馬舍之側。金石匠家。
酉爲正西方。地名金坊酒坊之所。僻近娼女之處。膠漆工匠之家。
戌居西北方。州郡營寨之所。聚衆野處。村居土岡。猪犬在門前。奴僕兵卒家也。
亥屬西北天門之位。居近水畔。點水傍地名。雙溪之類。內有樓臺亭閣。門前有小兒趕猪。如其失逃。可問而取之也。
如有逃亡盜賊。可依此追之。鮮有不中。然亦詳諸神煞。比和與否。如逢刑冲破害。亦不可根據此論。

▲河洛數類門

甲己子午九。乙庚丑未八。丙辛寅申七。
丁壬卯酉六。戊癸辰戌五。巳亥無依四。

此一節論賊盜走失。路程遠近。物之多少。依次推之。以四時旺相休囚等斷。旺者爲多。言進者。一進十也。相者爲倍。加一倍也。休言本數。死氣發用。應減去其半推算之。

如正月甲子日寅時亥將。

騰貴
朱巳午未申后
六辰　　酉陰
勾卯　　戌玄
青寅丑子亥常
空白

常亥甲
申亥
陰酉子
午酉

蛇午
勾卯
白子

正月甲子日。寅時買來卜。勝光加酉支。上下相驅逐。下神本白色。上神赤非黑。上神其九數。下神本管六。六九五十四。道地宜數足。旺相倍加數。囚死退數目。休本五十里。即囚死者。三十四里半也。旺相者五百四拾里也。不離反。與後盜賊依。此推萬數悉皆卜六十四卦中從頭勤檢閱。聖人言會者。神仙見骨肉。

▲色別門

天干。甲青。乙碧。丙赤。丁紫。戊黃。己絳。庚白。辛栗。壬黑。癸綠。合併。甲乙半青黃。乙庚碧綠竹。丙辛帶赤白。丁壬暗慘黑。戊癸灰黃樣。天干十徽居。

地干。子黑。午赤。卯青碧。酉白。寅紫。申碧白。巳斑點。亥淡青。辰戌丑未純黃。皆以初傳為準。

物類門

木為谷林瓜果。寅卯屬火主黍稷紅荳。巳午午為蠶類。螣蛇為蠶象。土主蔴及大黃荳。辰戌丑未為的金主大小二麥。申酉為的水主黑豆稻菜。亥子旺相德合為收成日為農人日克上神。農事荒。支克日上禾必損。太歲上神生何類。即主何物收十分。太常小吉未爲棉花。此在五行之外存。視本年太歲上辰。生何辰。即何物十分收成。餘倣此。

▲疾病形狀門

經云受虎克神爲病症。六處如見白虎克日。即爲病。六處者即三傳年命四課日辰也。如逢救神則雖凶而終無大害。

如丁酉人十一月癸丑日壬子時丑將占。酉命人。

命

空 酉戌亥子
申白 丑
未 寅
午巳辰卯貴

寅癸
卯寅
寅丑
卯寅

寅
卯
辰

本命酉上得白虎。乘戌克日。主病凶有死之危。而日辰上寅爲救神。制服白虎。是以不死。日上有救。諸病不成凶。名曰患門有救。

凡占病得斲輪課。定主手足不能舉動之苦。如白虎乘旬內之丁神。而克日者。占病必死。所患疼痛之虎也。如丁辰值空亡。則尚可治療。

如占得日之祿神值空亡發用。又坐克方占病必絕食而餓死也。

如庚日申爲本命。返吟課。占病必死。爲人入鬼門格。

外有六片板格。緣日祿作六合。乘申加卯發用。三月占。謂之尸入棺。占病必死。緣申爲身。三月申爲死氣。卯爲棺柩之故也。如于九月占。不乘六合則病在牀而可愈。九月申爲生氣。故不死。

又壬癸二日占。得未乘太常加支上而克日。占病必因喜事及宴飲。或往親戚家帶病而歸。如官人占之。必因赴宴而席觴所得。餘皆因前事而致不免。

凡占病以干爲病人。支作家宅。男子視白虎。婦人責天后。孩子看螣蛇。十五歲內爲孩子二十四歲內爲壯男五十內爲中男五十外老男婦人二十四內爲少婦五十內壯婦五十外爲老嫗逐類推之不可一例而斷或值死神死氣發用克日。又乘上三等神將。克日而年命日顧上辰。無救者必死。

至於病生何部。當以初傳決之。訣曰。初傳重土病咽喉。重金腹病淚交流。重火必須生喘咳。重木腹脹如鼓牛。重水心滯小腹急。神將三傳須記切。

外有病符入傳臨宅。及克日辰者皆病。經云。病符克宅全家患。謂病符克辰。全家有疫厄病痛之患。病符即每年之舊太歲如子年亥爲舊太歲丑年子爲舊太歲是也

▲天將釋病門

貴人　占病寒熱往來。頭目疼痛。祟非凡鬼。廟中神將。祭之可痊。

螣蛇　頭目疼痛。四支癰腫。寃業爲水木神作祟。主喘嗽咽喉口瘡等症。乘巳祇病頭

朱雀　心腹受傷。發嘔見血陰腫。宜謝灶神。

六合　陰陽不調。心腹虛痛。文人司命祭當蘇。土神

註曰。六合乘卯。男子胸脅之病。女子風黃腫症。肌柔損傷衰氣發用。男子心苦病痛。女子氣短瘡腫。

勾陳　陰癰見血。心腹之病。寒熱之苦。邱陵寃死之鬼作祟。及門戶土垣鬼

為災。若乘天罡咽喉隔噎之患

青龍　肝胆風病。衰則損胃。飲食不節。乘寅為的　沉熱心腸。頭目心痛。四肢寒熱。癰腫等症。司命神為難。

天空　胸脅脹疼。腹脅虛氣幷痢。井灶為殃。及絕嗣鬼作祟。送之為吉。如臨戌上。行步艱難。腰脚之苦。重則骨髓痛。

白虎　頭項癰疽之苦。頭目流血。見血驚憂。兵客死傷鬼為災。旺者折骨傷筋。衰者皮膚痔瘡。

太常　因酒食致病。四肢頭腹吐噎之災。司命及新化鬼作祟。衰者羸瘦之症。

玄武　腰患之災。心腹脹滿。眼目頭痛。河泊溺潭水神。及廁鬼為邪。

太陰　腸肺咳嗽。心腰腹脚受病。灶神及絕嗣鬼作祟。

天后　痢疾腰支。陰陽不調。臟腑之疾。大小便不利。水神溺鬼為災。男女腎病。女難療。

此論天將以入初傳爲主。如刑沖破害。則減輕推斷。有宜沖。有不宜沖者。當詳審之。

▲求醫方向門 附治療法

男以辰加行年。女以戌加行年。男視天盤寅臨之方求醫。女用天盤申臨之下求醫。是爲醫神。醫神是水。宜服湯藥。臨辰戌丑未土宜丸藥。醫神臨木。必主邪祟。臨火宜灸。及服散。臨金宜針療。餘倣此。如天醫克日。主醫生用藥不當。如日克天醫。主醫人學醫未精。最宜相生比和。則易醫治療吉。相克者凶。

月建前二辰爲天醫。今日前二爲醫神。天醫對沖便是地醫。

附治療法

且如白虎臨金。必肝部受病。宜先治肺不宜治肝。白虎臨木。脾經受病。當先治肝而不治脾。白虎臨水神。病在心經。宜治腎而不可治心。白虎臨火。心肺部受病。宜治心而不可治肺。白虎臨土。必腎經受病。宜治脾而不可治腎。此皆從其根本之不和而致。故先宜治其根。根既平和。則受病部份。當亦痊矣。

▲博弈勝負

三才賦云。戰鬬博戲。認其主客之輸贏。又祕訣集。占宅忌見辰克日。戰鬬先看日克辰。謂日爲人。辰爲宅。宅克人主凶。若戰爭財物。如日克辰亦主凶。但論彼此勝負。以辰爲己。日爲彼。日克辰則彼勝我負。辰克日則我勝彼負。此一定之理也。若日生辰則彼虧我盈。辰生日我輸彼贏也。三傳亦然。倣此推之。鮮有不驗。

▲逃亡盜賊 附失物

凡占逃亡。專責刑德所臨之處。相克何如。德神甲己在寅。乙庚在申之類。見前。刑者子卯相刑。辰午酉亥自刑之類。亦見前。如逃亡君子。責德臨之處。小人視刑居之下。如甲戌日。甲德在寅。戌刑在未。寅臨未上。則君子隱於西南。而寅木克未土。是德克刑易獲也。未臨子上。則小人逃在北方。如己巳日。己德在寅。巳刑在申。寅臨亥。君子隱西北。申臨巳上。小人逃於東南。而申金克寅木。是刑克德難獲。

盜賊之占。以玄武乘辰。爲盜賊之人。以元武本位上辰。（卽盜神也）爲賊贓藏處。至於賊人所匿之所。見前方位門。而可捕與否。視日干及玄武之陰神。（陰神亦盜神也）二者克玄武。則可捕可獲。二者生玄武。則捕之不獲。而賊已遠逸矣。更如玄武克日。不但不可捕捉。抑且盜賊傷人而走。若在此時捕之。則捕捉之人。定招傷害。不可不察也。

盜神所生方。卽賊贓所藏處。如寅爲盜神。物藏廚灶爐冶下。卯爲盜神。物藏窖灶窠櫃內。辰藏古碓磨碑石下。巳藏近側浴室。廊廡牆垣之下。午藏墓田橋井之間。未藏城牆神祠毛羽間。中藏樓柱廩廁間。酉藏溝渠水泊。石灰籠匣酒甕間。戌藏門戶石穴中。亥藏磉柱神樹下。子藏竹木車船間。丑藏花檻城庫之側。如寅爲盜神。則寅生巳。應向東南方。近爐冶之處追之。而可獲焉。若悉所盜之賊。爲何等樣人。則視玄武所乘之辰是也。如玄武乘寅。則賊爲吏人。或道士。卯爲經紀人。或僧尼。辰戌爲凶徒。惡輩軍人。及僕奴隸賤下人。巳爲手藝人。或店舍爐冶人。丑午爲旅中客人。以及曾爲巫人。或軍人。未爲熟識人。及道人。申爲過犯人。或兵卒出家人。酉爲金銀匠。及博賭花酒人。亥子爲水客船上人。及孩子。或慣賊。及曾私婦人。旺相爲少壯。休囚爲衰老。陽爲男。陰爲女。類而求之。

至其賊之形狀。亦視玄武色辰決之。

子爲黑色體長。身穿皂衣。下有淡黃色。

丑爲大肚闊口。顏醜多鬚。身才雄壯。衣服上皂下黃。

寅爲短矮。美鬚。衣青色之人。
卯爲骨瘦快走人。衣深青色。假作醫生術士之狀。
辰眼大眉粗鬚長。相凶而衣黃。
巳爲瘦長人。善語言歌曲。
午爲斜視方長之人。若捕時。先見一赤馬。後遇衣青。頭戴紫金色物者便是。
未乃眼露頭白。有服之人。其妻能作酒。
申身長白。有痿病。少髮之人。着黃色淡白之衣。
酉體粗長。面有斑點。身穿白衣。响聲之人。
戌顏貌醜惡。多鬍。黑色着半黃半白之衣。
亥身體肥大。面貌醜陋。而青黑色。背駝而穿破衣。手把傘。
以上如逢賊黨衆多。則拘爲首者爲準。

附失物

失物之占。與盜賊占大同小異耳。亦視玄武乘辰及武之陰辰。更須參看類神所屬。如金木水火土之例。即知何類物件及色別等。查上旺相為多。為大。為新。為近。為活。休囚為小。為少。為舊。為遠。為死。如玄武所臨之處上下相克制者。物歸原主也。可得。克日與相生者。即不得。至物之所失方位。見盜賊門。餘倣此。

▲避惡門

惡者凶也害也。人生所不利者。其名有五。即金木水火土之類。凡見惡煞入課傳年命無救神。當宜守靜以避之則安。否者定遭死凶之厄。學者毋忽諸。

水惡

如占得天河地井辰未相加為天河子卯相加為地井又曰辰為天河未為地井二煞。入課傳克日。而無救神。即制服二煞之神主有沉河落井之患。以及壬癸日占。三傳俱金水。如巳酉丑申子辰之列而年命上又無土制之。兼河井併加日上。而克日者。此人定招沒頂之災耳。切忌駕舟出行。以待制服河井煞。及金水之日。方得免溺也。又玄武乘子卯。發用克日亦是。註曰未中有井宿。三傳更水旺。將乘玄武。定生近水。或水中死也。如乙酉日辰加未是天河加地井。如日水坐落空亡。遇此必有沈溺之患。

王某擬赴滬營販。占得天河煞加地井。臨日發用。而無克制。余乃正色告之。不能乘舟遠謀。第憂水厄。渠意帆船尚無波濤。而今輪渡穩駕如陸。何患之憂耶。卽至不測。同渡亦千人。非我隻身。死生自由天定也。若平安抵申。則神課之虛名。一旦當可打倒矣。伊遂置之不信。出港登輪。輪名大生。迨進黃浦花艙內。濃煙重透。火箭橫穿。霎時間船毀輪沉。頓遭沒頂。

土惡

如日干屬土。又坐空亡地上。且三傳年命。盡是木類。日上辰全無金制。定主落崖凶災。牆塌屋壓之慘。將遇蛇虎。必死無疑。宜醮謝本命星辰以解之。例

木惡

如日干衰木坐空地上。六處遇頑金。三傳亦純金無火。主其人定遭惡劫。倒樹折枝壓體之凶。理宜醮謝本命。心懷好德。方可免諸。

火惡

如課傳見火惡。火燭。蛇雀火鬼等諸煞。併克日干。而年命上辰無救者。主必遭火厄之災。如年命上有救神解神及克制者。亦可免咎。克干憂身焚伐。克支主招回祿之禍。（火惡從戌逆十二。即月厭煞。火燭從巳順十二。火鬼春午夏酉秋子冬卯。）畢法論火鬼蛇雀克宅格。術士每多不易解釋。如此莫怪不告來人之避解耳。茲所謂火鬼者。春占見午。將乘朱雀或螣蛇。併克支辰。年命上又無制服。主定遭天火焚伐而無餘矣。占者如遇此等惡煞。當告之以解。取井底泥塗灶襄之。庶免其難。又夏占見酉。將乘螣蛇。

如六月乙卯日子時午將。

白騰蛇虎
卯酉卯

戌乙　辰戌　酉卯　卯酉

寅卯辰巳
丑　　午
子　　未
亥戌酉申　貴

占得此課。主必宅毀人傷。傳見白虎。更爲凶厲。大宜事先祭之爲安。又火鬼蛇雀克干。主憂火傷。克支家宅不安。有焚伐之厄。理當消息而通變之。

民國二十一年。余在上海楊樹浦親戚家。晨起戚委占課。問交易事。得炎上格。謂曰火性向上。交易當爲高昂。然三傳屬火。將乘蛇雀。時在仲春。適値火鬼當令兼克支辰。府上謹防火燭。午後物價果漲。計賺百拾元。然對火燭之言。已置腦後。余亦忘却。至晚未見若何現象。迨甫寢。突聞人聲鼎沸。急起視。始悉隔牆炒貨店失愼。延及戚之後樓。半時許救息。雖損失之微。然已所進不敷裝修矣。

金惡

如行年本命三傳。俱在刼殺亡神喪門吊客之位。更遇血支血忌。兼克日而

無救主必血病。或遭刀傷惡死。正月起亥逆行四孟爲刦煞血支血忌喪門吊客詳神煞緊要內

▲指驗課斷

凡課日辰用神旺相。吉將在傳。爲三光課。如三月甲申日未時酉將占是也。

六青白
辰午申

六　玄
辰午戌子
甲辰申戌

空
戌酉申未
亥　　午
子　　巳
丑寅卯辰
貴

將得六合青龍入傳。春占甲日木旺。三月土旺日旺用旺。吉將。此三則爲三光課。

斷曰。諸邪不能侵。而人口崢嶸。所幹無阻。事得光輝。萬事吉昌。囚刑釋放。疾病安康。市賈得利。凶禍消亡。

有因吞雲吐霧而被囚。已匝月。占得此課。謂於本月本日後十一日。定能

出獄抵家。初傳三月建辰。後十一日值午。末傳申爲宅。迨是日傍晚。竟應所言。奇哉先賢。誠天定勝人。人定勝天。

三陽斷應

課得貴人順行。日辰用神居前。旺相氣發用。如二月乙丑日酉時戌將。

朱六勾
寅卯辰

青　朱
巳午寅卯
乙巳丑寅

酉申未午
戌　　巳
亥　　辰
子丑寅卯
貴

此三者陽氣開泰。萬物光輝。乃龍劍呈祥之課。

斷曰。凡事吉慶。所求皆遂。獄訟得釋。病康財遂。行人速歸。有職可以高遷。病雖入棺。可得復起。囚雖刀頸。可保無虞也。

友謀黨部祕書得三陽課。初傳朱雀爲文書。乘功曹爲官吏。兼三傳聯貫一氣。二月占。値甲寅日驚蟄。事在一月內。定可如願。於旬日後。果接告捷焉。

三奇

甲子甲戌旬丑奇。甲申甲午旬子奇。甲辰甲寅旬亥奇。如課得旬日之奇發用。爲三奇。如丑子亥三者爲三傳。名三奇聯珠。更爲吉慶。聯纂如珠也。

如四月乙酉日未時申將。

后貴蛇
亥子丑

青　陰
巳午戌亥
乙巳酉戌

酉戌亥子
申　　丑
未　　寅
午巳辰卯
貴

斷曰。百禍消散。萬事和合。婚良孕貴。士有奇遇。病獲良醫。如三辰聯茹。凡事欲行不行。欲止不止。節外生枝。貴人逆行。兄弟朋友人情失和之象。

章夫人患臟腑病。及陰陽不調。勢頗厲。占得三奇課。天將天后乘亥生日。宜獲良醫。翌晨請得沈君。三服飲食頓增。六服痊癒焉。

六儀

旬首之儀發用。爲六儀課。如甲子旬用子。甲申旬用申之類。

如五月丙辰日寅時未將甲寅旬寅爲旬儀。

青陰六
寅未子

螣　貴
戌丙
卯戌
酉辰
寅未

丑寅卯辰
子　　巳
亥　　午
戌酉申未
貴

斷曰。凡事逢凶化吉。求望得。投書宜。干貴見。病遇良醫。罪赦官擢。士人高甲第。求財倍獲利。

此課惟忌旬儀克行年則凶。餘者吉不待言。

友占公訟。敗象已著。課經云。三傳屢克衆人欺。斯時被數人雷攻狀掣。無法控制。忽思占課。結局何如。謂曰六儀吉將。萬物無恙。後經人調解。平和銷案。此亦逢凶化吉焉。

時太

太歲月建爲發用。將乘青龍六合。及財德之神。爲時太課。如子年戌月戌寅日戌時卯將占。子爲太歲。又作日財德合。加未發用。初傳青龍。末傳六合是也。餘倣此。

青子
陰巳
六戌

六　貴
戌卯未子
戌戌寅未

丑寅卯辰
子　　巳
亥　　午
戌酉申未
貴

斷曰。課入時太。皇恩欲拜。災患潛消。謀望無礙。逃亡必歸。盜賊自敗。孕育貴子。前程浩大。仕宦逢此。榮命喬遷。常人占得。獲財之慶。傳見空亡。天恩未定。第雖上人。有意施惠。猶豫不決也。

龍德

凡課得太歲月將。乘貴人發用。爲龍德課。

如巳年七月癸酉日酉時巳將。

貴巳
勾丑
常酉

常　貴
酉巳丑
癸酉巳

貴
辰巳午未
卯　　申
寅　　酉
丑子亥戌

巳爲太歲。又値月將。加酉上克下爲用。巳日貴人。

斷曰。罪囚出獄。財喜臨身。官訟休陳。利見大人。仕宦加官進職。天官賜福。當獲重重財喜。若作日鬼占訟必達朝庭。政府始得了決。

補袖中金

課值龍德。主朝庭恩命。仕宦陞擢。利有攸往。

通神集詩

陞遷美兆干祿位。指日衣冠拜紫宸。

官爵

歲月年命驛馬發用。又天魁太常入傳。爲官爵課。

如未年二月丁亥日巳時戌將。癸亥生命。行年在午。午上見亥。歲月日命爲亥卯未。見巳發用爲驛馬。傳過魁常。是爲官爵。

空臟常
巳戌卯

白		后	
酉	辰	巳	子
辰	亥	子	丁

	貴		
戌	亥	子	丑
酉			寅
申			卯
未	午	巳	辰

斷曰。官職榮加。凡事吉慶。財名亨利。病訟堪嗟。訪人不在。行者遠家。仕宦尤佳。事幹迅速。常人財喜。行人至。謀望遂。病必遊魂千里。訟者遍於諸司。驛馬逢沖。官爵失脫。事多淹留。

富貴

天乙旺相。上下相生。臨日辰命年發用。爲富貴課。

如二月辛巳日丑時戌將。巳年寅命。臨年支辰巳火旺氣。木火上下相生爲發用。

貴	寅
六	亥
空	申

白		貴	
未	辰	寅	亥
辛	未	巳	寅

			貴	
巳	辰	卯	寅	年
午			丑	
未			子	
申	酉	戌	亥	
			命	

斷曰。上官幹貴田土等事。家道榮昌。萬事新鮮。財喜雙美。孕貴婚良。獄訟得理。謀望勝利。金玉滿堂之課。

安徽繁昌縣田湖村。余鄉紳子。學乾。游蕩申江。數月於茲。囊頓告匱。旋里不得。時在民辛未歲。遇於四馬路薈芳里。新羣旅館。覩狀慘談。爲占一課。得富貴。慰曰莫愁。乃指向急公好義者聞人某處。哀懇之。當得斡旋也。余子依計而行。甫入門。瞥見貴戚徘徊其階前。衷曲後。遂爲介紹於某公館司賬。迄今五六年矣。

全局

凡課得三合在傳。爲全局課。如申子辰爲潤下格。主溝渠魚網等事。占天氣爲陰雨。寅午戌爲炎上。主爐冶文書等事。占天氣爲晴旱。旺相老凶。少吉。囚死小凶老吉。發用有氣。占孕爲男。三傳亥卯未爲曲直。主船車之類。種植等事。利修造。巳酉丑名從革。主兵戈金錢事。利更改。值旺相利求謀。值囚死利坐守。發用無氣。孕生女。辰戌丑未名稼穡。季夏旺相。動作遂意。秋冬衰敗。田墓有憂。

三傳會合。得成秀氣。吉必連就。凶事難棄。尊長恩榮。常人財喜利合婚姻。謀爲大利。

斷曰。潤下格。事不急迫。亦主留遲屈伏。終不能靜。木日生氣。金日盜氣。事多舟魚溝渠網罟等。占訟則牽連下人。陰久天雨。孕病女凶。將乘后合多淫。玄武盜。占宅不凶不振。宜禱水神。尤當施惠於人也。此課大概小人吉君子凶象。占雨得潤下課。必主滂沱累日。

炎上格。占天時晴。孕生男。行人憂口舌。事多虛而少實。明事反暗。圖謀不遂。金併爐冶事。常人口舌。宅不安。火鬼併。招火災。朱雀臨官訟。天魁屋壞。病者多熱在心部。后合併。婦人血病。占人性急。行人必來。（火性動也）失物藏窰冶中。凡事急速。狂圖不遂。朋黨疎狂。先喜後嗔。先合後散。不久成炭之象。金日來意必占病訟焉。

曲直。修造求財無壅塞。占人桴械木栽培。病者因風致。先屈後可伸。進退多疑。動則如意。靜者不寧。利作舟車修營栽植之事。大凡始易終難。事多不實。

病肝風。宜托人求貴。暗禱者吉。未加亥作天后。陰人災病。有離哭之兆。失物又藏叢林木器中。如作日鬼。訟主枷杻。牢禁監囚。

從革。主頭緒多端。先阻後成之象。占宅主更改。陰人分離。占訟宜換官。事求陰人而遂願。求財而獲寶。此課兵家爲大忌。惟恐血光臨身。革故鼎新多别業。病傷筋骨肺癆成。如逢日干囚死。有西行之兆。婚姻大忌。物藏山石道路之間。訟遭罪。求財獲。遠行隱避最宜。

稼穡。開築田墓宅室之事。因土氣重俗。主有艱難之象。壬癸日爲脫離。物極則必變也。久危有解散之意。惟不宜占病。順三合。理勢自然。逆三合事主乖違。占多沉滯。遇戊己日。更爲艱難。常人萬事逼迫。不由自己。遇雷神(即太沖六合)方能變化。占主多係耕農土工事。及築室宅事。託人謀事。費力反復也。

以上五課。事皆叢雜不一。天將六合。凡課天遂。名利均宜。人相助力也。大都無休歇之象。一事去。一事來。魚貫循環。尤不利解散事。外有一氣者亦是。如寅卯辰申酉戌之類。

課經指彀曰。順三合理勢自然。申子辰潤下。以和順爲義。寅午戌炎上。以發達爲名。亥卯未曲直。當舉直錯枉。巳酉丑從革。宜革故鼎新。三傳稼穡田地稽停。逆三合事主乖違。子申辰名循順。貴爲躐等。戌午寅爲就躁。行合中庸。未卯亥名正陽發生之意。丑酉巳爲發罡肅殺之危。四土迎母。尚宜守靜也。

連珠

例如寅卯辰一氣。巳午未。亥子丑之類。三傳一氣爲連珠課。

斷曰。兇必重重。吉當累累。孕必連胎。事獲交舉。時旱多晴。天陰久雨。傳進宜進。貴順事順。速成。值空亡則宜退。可以全身遠害。傳退宜退。貴逆遲阻。空亡則宜進。可以消災避禍。餘倣此。

如八月癸酉日卯時辰將。友占胎孕。

亥空
子白
丑常

亥戌卯寅
戌酉寅癸

午未申酉
巳　　戌
貴辰　　亥
卯寅丑子

三傳連珠爲戀腹。丑爲腹不產。登明發用屬雙魚宮。亥建十月。上乘天空應在十月產。又亥子化名孩子。至期果雙生孖也。

玄胎

課値孟神發用傳皆四孟。爲玄胎課也。

如七月甲寅日寅時巳將。

申
亥
寅

申巳申巳
巳寅巳甲

申酉戌亥
未　　子
午　　丑
巳辰卯寅

斷曰。事屬新意開花結子之體胎孕成形之象。官加恩爵。婚姻良好。病訟淹滯。財利疊興。天后乘財。妻必懷胎。如帶喜神吉將。最利遠行及經求名利。百事皆吉。若占病。老少均爲後世投胎之兆。日用休囚后落空亡。主定家招乾兒義女接續也。

此課大都有嬰兒之象。求財謀官皆宜。行人不來。盜賊難獲。老幼占病均不利。中年壯健不在此例。常占遇三刑凶將。主必憂疑驚恐。天后空亡。因孕傷母。凡事遠而隱伏。暗昧不通。事主四人共謀。終見災異耳。

盤珠

凡用起歲月日時。三傳皆在四課之中。爲盤珠課。

如庚戌年十二月建丑。丑時子將。子加丑。用年月日時三傳。皆在四課之上。

子
亥
戌

戌	亥	子	丑
亥	子	丑	甲

巳	午	未	申
辰			酉
卯			戌
寅	丑	子	亥

斷曰。吉則成福。凶則成殃。賊不出境。行人還鄉。陰私解釋。事反不良。如占病訟。多凶少康。外有回還及天心二格之分。占事遠大非常。及於朝庭。可立就。三傳年月時順去。爲移遠就近。緩事遠也。

如戊子日子時未將。三傳皆在四課之上。爲回還格。

子
未
寅

寅未未子
未子子戊

子丑寅卯
亥　　辰
戌　　巳
酉申未午

如歲月日時俱在四課之上。或俱在三傳之上。皆爲天心格。日用旺相。神將吉。諸事利。賊不出境。行人凶。

此課吉事成福。若占病訟。陰私生產。憂疑解釋事反凶。

殃咎

凡課三傳遞克日。神將克戰。或干支乘墓。

如八月辛酉日辰時酉將。初未遞克中子。中遞克末巳。末遞克日。爲殃咎課。

騰未
空子
后巳

未寅申卯
寅酉卯辛

戌亥子丑
酉　　寅
申　　卯
未午巳辰
　貴

斷曰。他人欺淩。爲官宜自簡束防人論劾。常人有兇橫之禍。或被鄰人雷狀攻訟。內外凌辱之體。

五行克賊。征戰凶禍。疾病災危。論訟反挫。官遭彈劾。入羅罪過。營幹不一。出行不樂。

末助初克日主他人教唆賊害常人橫禍日辰內戰主家法不正。醜聲出外。營幹俱阻惟日干遞克末傳則求財大利反此不宜。

席某鬧談而占得殃咎後三日竟因姦事而遭公稟。致被監押。七日始釋。

九醜

九醜日凡十。戊子戊午壬子壬午辛卯辛酉己卯己酉乙卯乙酉仲時占丑臨日爲發用是也。

如二月乙卯日子時戌將丑加卯用。

卯	辰	巳	午	
寅			未	
丑			申	貴
子	亥	戌	酉	

亥	丑	子	寅
丑	卯	寅	乙

丑	白
亥	玄
酉	后

斷曰。占事多凶。婚姻災禍。諸凡難遂。徒勞身苦。將乘白虎。主有死亡之慮。此時最忌遠行移嫁。以及造葬求謀。

梓鄉陸闕氏占夫。經商阜甯。平安與否。答曰將乘白虎。大有死驚之慮。氏素信驗。遂快郵催歸。然已不及矣。八日後接電謂。陸某於今晨子刻。痢疾身亡。仰速來葬殮云。

鬼墓

日辰上墓神克日。作鬼發用。爲鬼墓課。

如六月壬申日丑時午將。辰加壬發用爲鬼。

后	辰
空	酉
藏	寅

午	丑	酉	辰
丑	申	辰	壬

戌	亥	子	丑
酉			寅
申			卯
未	午	巳	辰

斷曰。 鬼墓發用。主事不美。謀望不成。人丁多耗。家宅不昌。行人可至。病者發狂。謀求遲滯。捕盜深藏。事多反復而後成。財帛散耗之體。

袁團長占母病。初傳天后克日。婦病最忌。中傳母爻逢空。必不久於人世。請君速回料理後事。延遲恐難見面。況土克水爲腹脹發狂之症。支上丑墓。此宅常有溺鬼出現。不能久居。未出旬日。果然去世。

勵德

凡貴人居地盤卯酉位上。爲勵德課。

如六月戊子日申時午將。

貴
丑
亥
酉

申	戊	丑	卯
戌	子	卯	戌

卯	辰	巳	午
寅			未
丑	貴		申
子	亥	戌	酉

斷曰。此課利君子而不利小人。乃反復不定之體。理宜遷動官位。庶人身宅不安。宜謝土神。

本課占天時。丑用主雲霧迷天。恐非晴明之象。加卯爲雷神。成丑卯相加。主有風雷之勢。果見上午天氣晴朗。午後陰雲四合。酉刻沖卯。雷聲隆隆。狂風怒號。竟夜未息。

魄化

課得白虎死氣加日辰行年發用。爲魄化課。

如壬戌日五月未時申將。虎乘死神迫日年。

白戌
常酉
武申

申	酉	酉	戌
酉	戌	戌	壬

	貴		
辰	巳	午	未
卯			申
寅			酉
丑	子	亥	戌

斷曰。病多死喪。訟有憂驚。孕傷不安。謀望招禍。大忌遠行。主有災殃。

此卦如年命上有吉神。沖克白虎。爲魄化魂歸。先憂後喜。

徐君謀靖江縣。課得戌克日。乘白虎。爲催官使者。主必催赴任尤速也。當在近日內。必有委任狀到。君靜候之。後不數日。竟如所言。

三陰

貴人逆行。日辰在後。囚死發用。將來后虎。時克行年。

如癸丑日卯時子將。爲三陰課。

白
戌未辰

戌未戌未
癸戌丑戌

貴
寅卯辰巳 命
丑　　午
子　　未
亥戌酉申

斷曰。凡事不通。動作困苦。凡百沉淪。占病多迍。男忌婚姻。求財破散。孕主女。名位失家業破。

有占交易者。得此課。解莫作半信。後竟虧五百念元。

龍戰

卯酉日占。卯酉發用。年立卯酉。爲龍戰卦。

如二月丁卯日辰時戌將。卯加酉用。年立卯地。

常朱常
卯酉卯

常朱勾陰
卯酉未丑
酉卯丑丁

貴　陰
亥子丑寅
戌　　卯
年 酉　　辰
申未午巳

斷曰。主事疑惑。反復不定。門戶不寧之體。合者將離。居者將徙。欲行不行。

欲止不止。出門多迍。求婚莫娶。胎孕不安。財物勿取。出忌南行。入忌北進。婚阻財不聚。病多反覆。官訟宜改動。兄弟乖張。妻妾不親。

死奇

斗罡（辰也）係日辰陰陽發用。爲死奇卦。

如甲子丑時巳將辰加子爲用。

貴

酉	戌	亥	子
申			丑
未			寅
午	巳	辰	卯

申	辰	戌	午
辰	子	午	甲

玄 辰
青 子
螣 申

斷曰。占者咸凶。疾病憂患期死。征戰凶兆。論訟被囚。干貴失靠。嫁婚出行。禍患自招。百事衰敗凶象。

此課占本日陰晴。三傳申子辰爲水。天將玄龍蛇皆水中之獸。是日起大雨連日。至第三日方始晴明。

災厄

喪車。遊魂。伏殃。病符。坵墓。歲虎。發用。爲災厄課。

如亥年正月乙亥日卯時亥將。未爲喪車。春未死氣。加亥乘虎。亥年爲歲虎。

白合后
未卯亥

子乙　申子　未亥　卯未

辰巳午未
卯　　申
寅　　酉
丑子亥戌

斷曰。此課爲鬼祟作孽之體。家門厄會。妖孽爲害。疾病死亡。財喜破壞。婚孕多凶。征戰大敗。行人不歸。訪人不在之課。

軒蓋

課値正七月占。三傳午卯子爲用是也。

如甲子日卯時子將占爲軒蓋課。

青朱后
午卯子

陰　　　常
亥甲　申亥　酉子　午酉

巳午未申
辰　　酉
卯貴　戌
寅丑子亥

斷曰。加官榮顯。士子發達之課。車馬皆全。求財大獲。發病難延。行者必旋。

訟事大宜官司易衙。求財應自外來。將逢青龍。出行大雨。加官喜慶之兆。

鑄印

課得戌加巳。三傳巳戌卯爲鑄印課。

如十二月丙子日未時子將。末傳太常。

空 巳
螣 戌
常 卯

戌卯巳戌
丙戌子巳

丑寅卯辰
子　　巳
亥　　午
戌酉申未
貴

斷曰。符命入手。官增權柄。煉藥丹課。產孕皆吉。庶人不利。疾病官愆。所求遂意。印信喜慶。恩命之榮。若値空亡。日辰無氣。則破印損模耳。將遇凶神。則先成後破。徒勞心力。事終不濟。庶人反多官災刑害之事。

斬輪

卯加庚申辛酉發用。爲斬輪課。

如正月辛丑日辰時亥將。以下克上卯加申用。

玄	卯
勾	戌
后	巳

	朱		后
卯	申	子	巳
申	丑	巳	辛

子	丑	寅	卯
亥			辰
戌			巳
酉	申	未	午
			貴

斷曰。革故鼎新。孕病凶險。財祿喜增。祿位高遷。值空亡爲朽木難雕。將乘白虎爲棺槨。癸日占爲舟楫。能任重致遠。來意爲謀官。先難後成。將逢龍常陰。求財大獲。

此課多主事成。惟遲晚。占胎孕病訟忌之。白虎空亡。須另改業。加干爲財求人。宜急取。木日艱。水日心不定。火日災病。金日獲福。土日流轉。變艱中遂意也。

無祿

課遇四上克下爲無祿卦。

如三月己巳日寅時酉將。

騰常合
酉辰亥

寅巳
酉寅
子巳
未子

卯辰巳午
寅　　未
丑　　申
子亥戌酉

斷曰。庶人不祿。主多孤獨。輕者罰俸。重招削職。屈者難伸。利客不利主。訟宜先呈。父子有分離之象。求謀不遂。三傳有救。可免災危。

絕嗣

如正月庚辰日辰時亥將。得四下克上爲絕嗣格。

白貴青
午丑申

卯庚
戊卯
亥辰
午亥

卯辰巳午
寅　　未
丑　　申
子亥戌酉

斷曰。卑小不利。孕傷胎。病易死。占子病尤驗。旬空發用。來人定主孤獨也。動而必靜。暗橫災殃。逃者轉匿他方。凡事後施。起於男子。神將凶骨肉分離。吉者來意主分財異居。

侵害

課遇日辰六害相加。併行年發用。爲侵害課。

如九月丙子日申時卯將。子爲用。未爲害。

朧常六
子未寅

子丙　未子　未子　寅未

卯辰巳午
寅　　未
丑貴　申
子亥戌酉

斷曰。事多阻隔。及官非口舌。象曰六親失靠。骨肉刑傷。財利潛害。病疾毆傷。婚姻人破。出陣遭殃。胎孕防墮之象。

友妻懷孕七月。問雌雄。答曰課得侵害。當宜靜養安身。切毋動作。第恐墮落。不數日因瘧疾而致小產。

刑傷

課中三刑發用。行年併。如庚午日寅時子將。午支刑。加日發用。爲刑傷課。

蛇六青
午辰寅

午庚　辰午　辰午　寅辰

午未申酉　貴
巳　　戌
辰　　亥
卯寅丑子

斷曰。大小不和之體。家門不昌之課。孕欲墮。婚不良。謀為乖戾。凡事遭殃。

幹求費力。將逢吉神。事阻終遂。

前沙田局長某。膝下孤虛。祇生一女。擬招贅。占得刑傷課。第新郎一無可取。婚姻決不良好。後聞新郎人品不端。為女家所拒。竟未成婚。

天禍

四日立占。得今日干支臨昨日干支。或昨日干支加今日干支。為天禍課。四立日立春立夏立秋立冬

如正月甲申日立春。絕日癸未。寅加癸是也。

辰
巳
午

戌	酉	辰	卯
酉	申	卯	甲

午	未	申	酉
巳			戌
辰			亥
卯	寅	丑	子

斷曰。動有凶咎。不可妄為。身宜謹守。出行死亡。謁貴不見。造葬更忌。若絕火者。火災應驗。不出節內。四十五日

天獄

四死墓神發用。斗罡係亥爲天獄課。

如乙酉日春占未土死氣發用是也。

未子巳

酉乙　寅酉　寅酉　未寅

丑寅卯辰　子巳　亥午　戌酉申未

斷曰。刑獄之愆。犯法難解。染病不痊。出行凶災。謀事徒然。一切動作。百事凶獄難出。或祖上曾遭誅戮者應之。

天寇

四離日占。課得月宿加離神。爲天寇課。四離日即春分秋分夏至冬至此四日前一日即是起月宿法。

正室二奎三在胃。四畢五參六鬼期。七張八角九月氐。十心一牛十二虛。

如癸卯日春分離辰壬寅月宿在辰加寅是也。亦非發用

未酉亥

卯癸　巳卯　巳卯　未巳

戌亥子丑　酉寅　申卯　未午巳辰

斷曰。事多破懷。病者卽亡。孕速產女。出路死傷。婚姻拆散。百事不遂。若占人年命上見月宿。必身欲爲盜來問也。營造定見火災。謀望不成。一動則有生分死別之象。居家守靜可也。不利出行交易市賈。

天網

凡課占時與用神。同克日。爲天網課。

如庚辰日午時辰將午加庚用時同克日是也。

貴午
六辰
蛇寅

子	寅	辰	午
寅	辰	午	庚

卯	辰	巳	午
寅			未
丑			申
子	亥	戌	酉

斷曰。凡事不能踴躍。登高致遠。產孕損傷。逃亡遭殃。戰防埋伏。病入膏肓。旺相克囚死。名天網四張。萬物盡傷尤凶。

三交

仲日占。仲加日辰發用。傳皆仲。將逢陰合。

如六月丁卯日卯時午將。三傳日時皆仲。午加卯。酉加午。子加酉。卯加子。是爲四仲。名三交卦。

朱后常
酉子卯

戌丁
丑戌
午卯
酉午

陰
貴亥子丑寅
戌　　卯
酉　　辰
申未午巳

斷曰。事體勾連。風雲不測之課。家隱奸私。或自藏匿。謀事不明。求財無益。訟犯刑名。將遇凶神。病尤極厲。男犯法。女私通。將乘陰合。門戶不利。陰小隱匿。謀事被人阻破。求望難。帶凶煞。更有慘禍耳。

贅壻

凡課日干克辰。又自加臨。或互臨。被干克用。曰贅壻課。

如甲戌日卯時亥將。戌加甲。干克支爲用。

六白后
戌午寅

戌寅
午戌
午戌
寅午

玄　常白
辰巳午未空
陰卯　申青
后寅　酉勾
貴丑子亥戌六
螣朱

斷曰。凡事不決。寓居於人。身不自由。爲求財之課。屈意從人。事多牽制。胎産遲。行人滯。財名成。病訟未濟。六合加臨。必招壻婚姻之事。

沖破

課值日辰之沖破發用是也。

如子年庚子日卯時午將。子以午沖酉破。午爲歲破日破。又加刑發用。

白勾螣
午酉子

朱后陰白
亥寅卯午
庚亥子卯

亥子丑寅
戌　　卯
酉　　辰
申未午巳

斷曰。人情反覆。門戶不寧。婚不遂。胎不成。疾病凶。財平平。謀望成者復傾。此課惟凶事者可沖。旺相者不宜沖。凶空不宜沖。沖者反實。吉空宜沖。沖沖者可吉。

淫泆

初傳卯酉發用。將乘后合。如辛未日申時辰將。卯加未用。將乘后合。爲淫泆課。

六白后
卯亥未
貴　合
午辛
寅午
卯未
亥卯

辰巳午未　貴（午旁）
卯　申
寅　酉
丑子亥戌

斷曰。占者淫奔泆慾逃亡之事。利私不利公。嫁娶不吉。逃亡嘉捕難獲。訪人自差。値行年併。主先姦後娶。毋須媒妁。

蕪淫

四課缺一。或日辰交互相克。爲蕪淫課。

如乙卯日午時未將。柔日以辰上起第一課。此二陰一陽不備。如二女爭一男也。

勾青空
辰巳午
巳乙
午巳
辰卯
巳辰

酉戌亥子
申　丑
未　寅
午巳辰卯

又乙亥日巳時子將。陰不備。二陽一陰。則二男爭一女也。

又甲子日卯時亥將。四課備。日辰交克。亦爲蕪淫課。

勾后空
午丑申

亥乙
午亥
午亥
丑午

卯辰巳午
寅　　未
丑　　申
子亥戌酉

六白后
戌午寅

六戌甲
白午戌
青申子
玄辰申

辰巳午未
卯　　申
寅　　酉
貴丑子亥戌

斷曰。兩情相背。家門不正。琴瑟不調之課。利名碌碌。疾病淹淹。行人未至。財物必缺。占事最凶。凶將尤甚。夫妻反目凶象。主不周全。物徧缺。病難愈。求望不成。凡事均有不周全之意也。

度厄

凡四課內三上克下或三下克上是也。

如甲子日丑時申將。得三上克下。爲幼度厄。

白朱玄
寅酉辰

酉甲
辰酉
未子
寅未

卯辰巳午
寅　　未
丑　　申
子亥戌酉

又壬申日子時未將。得三下克上。爲長度厄。

玄午
朱丑
白申

玄朱貴青
午丑卯戌

斷曰。事憂老幼。患病重來。家宅欠利。骨肉尤乖。出軍失利。行者多災。類神旺相。禍去福來。乃六親冰炭之課也。

遊子

三傳皆土。又遇旬丁天馬爲用。是遊子課。

如三月乙巳日午時酉將。三傳土。初傳旬丁。中傳天馬。

青旬丁未
朱天馬戌
后丑

青　　勾驛馬
未戌申亥
乙未巳申

亥子丑寅
戌　　卯
酉　　辰
申未午巳

斷曰。居者欲遊。遊者欲還也。出行吉利。坐守困窮。病疾難瘥。官訟多凶。天陰不雨。婚事胡從。如遇斬關併。爲絕跡。不露也。病凶婚阻。逃者難獲。

行年併。其人欲逃來問也。墓殺害併。恐有寃家逼迫。餘倣此。

斬關

合后白
戌午寅

戌甲
午戌
戌寅
午戌

辰巳午未
卯　　申
寅　　酉
丑子亥戌

凡課遇魁罡加日辰發用。如甲寅日亥時未將是也。

斷曰。遇木則利於逃亡。可以出行。捉賊難獲。病訟凶禍。厭禱吉祥。傳見金類。逃亡者久不獲。守舊居家。主阻塞。若辰戌作鬼乘凶將。及鬼戶天門。子午卯酉。神將克戰。中冲初末。昴星伏吟返吟。爲斬關不斷。阻隔難行。逃者易獲也。

閉口 卽玄武課

旬首位上辰作玄武是也。如甲申日卯時子將占。

勾螣陰
巳寅亥

亥甲
申亥
巳申
寅巳

巳午未申
辰　　酉
卯　　戌
寅丑子亥

斷曰。占人求事。不語朦朧之態。事跡難明。尋人沒影。論訟不平。孕生啞子。將逢朱雀。訟屈難伸。白虎遭罪。病爲痰氣阻塞。喉腫舌禁。失物人見不明言。此課大概爲啞口之象也。

榮華

課得祿馬貴人臨干支年命。俱旺相氣發用是也。如丙申日卯時子將。干上寅爲驛馬。支上巳爲日祿。初傳巳爲相氣。末傳亥爲貴人。寅命上亥貴。年上巳祿。乘吉將。爲榮華課。

空巳
六寅
貴亥

寅丙　亥寅　巳申　寅巳

巳午未申
辰　　酉
卯　　戌
寅丑子亥
年　　命

斷曰。常人爲財利之喜。進身修宅俱吉。主榮達光華。經營厚利。入宅俱利。動止俱美。孕育麟兒。婚姻連理。用兵征討得地千里。萬事吉利之課也。

德慶

凡課干支德神。及天月德發用。併年命乘吉將。如戊子日戌時卯將。巳爲德神。加子用爲德慶課。

陰	巳
合	戌
常	卯

	陰		六
戌	巳	卯	戌
巳	子	戌	戊

戌	亥	子	丑
酉			寅
申			卯
未	午	巳	辰
貴			

斷曰。諸凶藏。囚可釋。病無妨。婚姻合。產孕良。求財得。如若謀望。事事吉昌。將乘玄武夾克化鬼。君子爲吉。小人凶象也。

合歡課

課値日辰干合支作三合六合發用。年命併乘吉將。

如戊申日子時申將。子丑干合。遁癸支作三合。將乘青龍。爲合歡課。

青	子
螣	申
玄	辰

	武		空
子	辰	酉	丑
辰	申	丑	戊

丑	寅	卯	辰
子			巳
亥			午
戌	酉	申	未
			貴

斷曰。孕遲速。名利遷。財喜歡。姻有緣。萬事佳。三合事衆過月。宜動不宜靜。文書不决。占失脫事藏匿難獲。空自費力。大概人情歡悅。相助成事。求名皆利。交易婚姻更吉。病遲愈。官訟和爲佳。遇刑沖破害。則防蜜中藏砒。笑裏藏刀。合空凡事不濟。暗鬼乘蛇雀克日。不可圖意外。及託人幹事也。

和美

凡干支三六合之下。遞互相合。爲和美課。如壬午日巳時丑將。三傳戌午寅三合。干上未與中傳作六合。日辰上下作三合。旺氣是也。

白后六
戌午寅

　合　陰
戌寅卯未
寅午未壬

　　　貴
丑寅卯辰
子　　巳
亥　　午
戌酉申未

斷曰。人情合悅。主客怡順。交易大通。財利不絕。婚姻良美。病厄勢拙。合多事急少遲。宜合本經營也。

引從

凡課日辰干支前後上神發用。爲初末傳是也。

如壬子日巳時戌將。初傳巳加子。末傳卯加戌。拱定干神。爲二貴引從天干格課。

貴	巳
青	戌
陰	卯

戌	巳	酉	辰
巳	子	辰	壬

戌	亥	子	丑
酉			寅
申			卯
未	午	巳	辰
		貴	

斷曰。車馬蜂擁之課。士人佳兆。官宦職遷。名榮利耀。孕貴婚良。出行取財。干貴懽笑。得人提攜。成合之事。尤爲吉利。

亨通

凡課用神生日。及三傳遞生日干。或干支俱互生旺。爲亨通課。

如丙戌日申時亥將占。申加丙用。初生中傳亥。中生末寅。末生日是也。

合貴玄
申亥寅

六　陰
申亥丑辰
丙申戌丑

貴
亥子丑寅
戌　　卯
酉　　辰
申未午巳

斷曰。士人推薦。或官員請舉及文狀事。始終成就。兩家合本就利。主客兩相投奔。坐待亨通。得人照扶。時運開通。福祿來臨之象。畢法云。三傳遞生人荐舉。即亨通課也。官逢薦。士獲名。婚合和。財利生。經營諸事。貴人懽迎。上位推荐。傍人暗助吹噓。如作財。人在暗地以財相助。謀用省力。

以上課斷。倣此斷之。吉凶鮮有不驗。學者毋忽於斯。

▲間傳一束

順十二格　順者事順逆者事逆

子寅辰。為向陽格。凡舉皆自暗入明。初凶後吉。病愈訟解。人情皆美也。

寅辰午。爲出陽格。凡占災咎相仍。病訟皆凶。

辰午申。登三天格。蓋龍登天則雨。官登天則位主遷轉。惟忌空亡。爭訟。事情轉大。病疾症候彌深。賊必來。行人至。久旱則雨也。

午申戌。事情遠大。出行失約。病訟皆凶。蓋戌爲天頭之故。

申戌子。病訟多險。目前阻隔。占官不吉。謀望不成也。

戌子寅。凡事皆凶。如履春冰。蹈虎尾。其禍在前。傳課見蛇虎。爲日鬼。病必死。禍尤凶耳。

丑卯巳。有人出戶之象。訪人不在。行人出。利幹望。君子阻隔。小人狐疑。而不吉也。

卯巳未。物極必反之故。凡事當急就之則吉。遲則爲兇。

巳未酉。物滿必缺。勢過人衰。凡占皆凶。官黜。占物定非當時用者。新病死。久病可愈。

未酉亥。有明消暗降之象。凡占速幹則可。緩則不及時宜。官不利。病訟凶。吉漸消而凶漸長也。

酉亥丑。爲嚴霜冰堅之象。凡占有淫慾奸盜之事。多主幽暗。以及事之不明焉。

亥丑卯。溟濛時象。占事不直。憂懼不寧。進退不決。而尤多狐疑。

逆十二格

寅子戌。陽退陰入之象。占事自明入暗。凶暗在前。猶防暗損。占官最凶。

子戌申。歷涉艱難。有重遭荆棘之象。凡舉迷暗不明。行軍被困。出入作爲。亦多不吉。

戌申午。爲勃戾格。亦名倒拔蛇。自深退淺。逃禍不能。勉強后退之象。行人未至。作事成禍。賊不來。

申午辰。有災尙縈繫之象。占事前者未了。行人來遲。占訟留連謀迍。

午辰寅子。回見母。有復舊慮之象。求財謀望皆吉。賊去行人來。惟庚日占病凶。占官大吉。

辰寅子。自明退入暗處。涉歷艱難。莫知深淺之象。占事進退不決。行人未來。欲出不得。關渡防人。有賊埋伏。安營不吉。不可舉兵用事。病皆凶。

丑亥酉。凡占有淫泆酒色姦亂等事。病死。訟至省部。或淫亂而生疾厄。

亥酉未。利隱遁潛形。行人不來。出行不去。捕盜不獲。賊去不來矣。君子吉而小人凶。

酉未巳。凡舉皆勉強而后去。君子利取祿位。小人宜早營運。

未巳卯。缺月漸圓之象。凡事不可驟舉。只宜遲進。久雨則晴。吉事漸成。凶事漸消焉。

巳卯丑。避明向暗。以巧就拙。棄正歸邪。事轉悖妄之象。主家冷身怯。怪夢連綿。作事似鬼魔邪。隨事好出頭。不如省察檢點。守分以安命也。

卯丑亥。漸入深淵水底。有暗長明消之象。凡占君子退藏。小人遇凶事者也。

▲應心歌

起課先須默心神。然後月將加時辰。
天地二盤方佈切。四課三傳次第陳。
將兮神兮何凶吉。內戰外戰孰分明。
神克將兮爲內戰。將克神兮外戰輕。
切忌閒談而演課。那得神智發心靈。
非關神鬼所相告。卻是心神兩不誠。
從此六壬眞祕隱。靈驗先須讀心應。
永掛清臺而默祕。今翻古賢樂同人。

▲分野誌

子屬女虛危青齊。今山東濟南東昌青州登州萊州。

丑屬斗牛吳越揚。今江南江西福建廣東廣西之梧州及浙江。

寅屬尾箕幽燕分。今北直順天保定河間永平盛京與朝鮮。

卯屬氐房心宋徐。今豫州江南徐州。

辰屬角亢鄭燕分。今河南開封汝寧。

巳屬翼軫楚荊分。今湖廣兩廣之廉州四川之夔州貴州之銅仁黎平。

午屬柳張星三河。今海南洛陽南陽湖廣三郎襄荊州光化谷陽棗陽隨州應山。

未屬井鬼秦雍州。今陝西四川雲南貴州。

申屬觜參梁益界。今山西之太原平陽遼沁潞澤四川。

酉屬昴畢晉趙分。　今冀州北直之正定順德之廣平山西之大同。
戌屬奎婁盧鳳地。　今徐州山東兗州。
亥屬室壁衞汴分。　今河南衞輝彰德懷慶北直之大名府。

中華民國二十五年十月出版

六壬指南 全一册

▲定價大洋二元四角
實價祇收二角
(外埠酌加郵費滙費)

編著者 黃企喬
發行人 樊劍剛
印刷者 大衆書局
出版者 大衆書局

總發行所 上海四馬路 大衆書局

代售處 各省各大書局

心一堂術數古籍珍本叢刊　第一輯書目

占筮類			
1	擲地金聲搜精秘訣	心一堂編	沈氏研易樓藏稀見易占秘鈔本
2	卜易拆字秘傳百日通	心一堂編	
3	易占陽宅六十四卦秘斷	心一堂編	火珠林占陽宅風水秘鈔本
星命類			
4	斗數宣微	【民國】王裁珊	民初最重要斗數著述之一；未刪改本
5	斗數觀測錄	【民國】王裁珊	失傳民初斗數重要著作
6	《地星會源》《斗數綱要》合刊	心一堂編	失傳的第三種飛星斗數
7	《斗數秘鈔》《紫微斗數之捷徑》合刊	心一堂編	珍稀「紫微斗數」舊鈔秘本
8	斗數演例	心一堂編	
9	紫微斗數全書（清初刻原本）	題【宋】陳希夷	斗數全書本來面目；有別於錯誤極多的坊本
10-12	鐵板神數（清刻足本）——附秘鈔密碼表	題【宋】邵雍	無錯漏原版秘鈔密碼表　首次公開！
13-15	蠢子數纏度	題【宋】邵雍	蠢子數連密碼表打破數百年秘傳　首次公開！
16-19	皇極數	題【宋】邵雍	清鈔孤本附起例及完整密碼表研究神數必讀！
20-21	邵夫子先天神數	題【宋】邵雍	附手鈔密碼表研究神數必讀！
22	八刻分經定數（密碼表）	題【宋】邵雍	皇極數另一版本；附手鈔密碼表
23	新命理探原	【民國】袁樹珊	子平命理必讀教科書！
24-25	袁氏命譜	【民國】袁樹珊	
26	韋氏命學講義	【民國】韋千里	民初二大命理家南袁北韋
27	千里命稿	【民國】韋千里	
28	精選命理約言	【民國】韋千里	北韋之命理經典
29	滴天髓闡微——附李雨田命理初學捷徑	【民國】袁樹珊、李雨田	命理經典未刪改足本
30	段氏白話命學綱要	【民國】段方	民初命理經典最淺白易懂
31	命理用神精華	【民國】王心田	學命理者之寶鏡

32	命學探驪集	【民國】張巢雲	發前人所未發 稀見民初子平命理著作
33	澹園命談	【民國】高澹園	
34	算命一讀通——鴻福齊天	【民國】不空居士、覺先居士合纂	
35	子平玄理	【民國】施惕君	
36	星命風水秘傳百日通	心一堂編	
37	命理大四字金前定	題【晉】鬼谷子王詡	源自元代算命術
38	命理斷語義理源深	心一堂編	稀見清代批命斷語及活套
39-40	文武星案	【明】陸位	失傳四百年《張果星宗》姊妹篇 千多星盤命例　研究命學必備
相術類			
41	新相人學講義	【民國】楊叔和	失傳民初白話文相術書
42	手相學淺說	【民國】黃龍	民初中西結合手相學經典
43	大清相法	心一堂編	重現失傳經典相書
44	相法易知	心一堂編	
45	相法秘傳百日通	心一堂編	
堪輿類			
46	靈城精義箋	【清】沈竹礽	沈氏玄空遺珍 玄空風水必讀
47	地理辨正抉要	【清】沈竹礽	
48	《玄空古義四種通釋》《地理疑義答問》合刊	沈瓞民	
49	《沈氏玄空吹虀室雜存》《玄空捷訣》合刊	【民國】申聽禪	
50	漢鏡齋堪輿小識	【民國】查國珍、沈瓞民	
51	堪輿一覽	【清】孫竹田	失傳已久的無常派玄空經典
52	章仲山挨星秘訣（修定版）	【清】章仲山	章仲山無常派玄空珍秘 門內秘本首次公開 沈竹礽等大師尋覓一生末得之珍本！
53	臨穴指南	【清】章仲山	
54	章仲山宅案附無常派玄空秘要	心一堂編	
55	地理辨正補	【清】朱小鶴	玄空六派蘇州派代表作
56	陽宅覺元氏新書	【清】元祝垚	簡易・有效・神驗之玄空陽宅法
57	地學鐵骨秘　附　吳師青藏命理大易數	【民國】吳師青	釋玄空廣東派地學之秘
58-61	四秘全書十二種（清刻原本）	【清】尹一勺	玄空湘楚派經典本來面目 有別於錯誤極多的坊本

91	地學形勢摘要	心一堂編	形家秘鈔珍本
92	《平洋地理入門》《巒頭圖解》合刊	【清】盧崇台	平洋水法、形家秘本
93	《鑒水極玄經》《秘授水法》合刊	【唐】司馬頭陀、【清】鮑湘襟	千古之秘，不可妄傳匪人
94	平洋地理闡秘	心一堂編	雲間三元平洋形法秘鈔珍本
95	地經圖說	【清】余九皋	形勢理氣、精繪圖文
96	司馬頭陀地鉗	【唐】司馬頭陀	流傳極稀《地鉗》
97	欽天監地理醒世切要辨論	【清】欽天監	公開清代皇室御用風水真本
三式類			
98－99	大六壬尋源二種	【清】張純照	六壬入門、占課指南
100	六壬教科六壬鑰	【民國】蔣問天	由淺入深，首尾悉備
101	壬課總訣	心一堂編	過去術家不外傳的珍稀六壬術秘鈔本
102	六壬秘斷	心一堂編	
103	大六壬類闡	心一堂編	
104	六壬秘笈——韋千里占卜講義	【民國】韋千里	六壬入門必備
105	壬學述古	【民國】曹仁麟	依法占之，「無不神驗」　集「法奇門」、「術奇門」精要
106	奇門揭要	心一堂編	
107	奇門行軍要略	【清】劉文瀾	條理清晰、簡明易用
108	奇門大宗直旨	劉毗	天下孤本　首次公開　虛白盧藏本《秘藏遁甲天機》　奇門不傳之秘　應驗如神
109	奇門三奇干支神應	馮繼明	
110	奇門仙機	題【漢】張子房	
111	奇門心法秘纂	題【漢】韓信（淮陰侯）	
112	奇門廬中闡秘	題【三國】諸葛武侯註	
選擇類			
113－114	儀度六壬選日要訣	【清】張九儀	清初三合風水名家張九儀擇日秘傳
115	天元選擇辨正	【清】一園主人	釋蔣大鴻天元選擇法
其他類			
116	述卜筮星相學	【民國】袁樹珊	民初二大命理家南袁北韋　南袁之術數經典
117－120	中國歷代卜人傳	【民國】袁樹珊	